FÁBULAS

FÉLIX M. SAMANIEGO

<u>PRÓLOGO</u>

Muchos son los sabios, de diferentes siglos y naciones, que han aspirado al renombre de fabulistas; pero muy pocos los que han hecho está carrera felizmente. Este conocimiento debiera haberme retraído del arduo empeño de meterme a contar fábulas en verso castellano. Así hubiera sido; pero permítáme el público protestar con sinceridad en mi abono, que en esta empresa no ha tenido parte mi elección. Es puramente obra de mi pronta obediencia, debida a una persona, en quien respeto unidas las calidades de tío, maestro y jefe.

En efecto, el director de la Real Sociedad Vascongada, mirando la educación como a basa en que estriba la felicidad púbica, emplea la mayor parte de su celo patriótico en el cuidado de proporcionar a los jóvenes alumnos del Real Seminario Vascongado cuanto conduce a su instrucción; y siendo, por decirlo así, el primer pasto con que se debe nutrir el espíritu de los niños las máximas morales disfrazadas en el agradable artificio de la fábula, me destinó a poner una colección de ellas en verso castellano, con el objeto de que recibiesen esta enseñanza, ya que no mamándola con la le- che, según deseó Platónl a lo menos antes de llegar a estado de poder entender el latín.

1. Samaniego toma esta idea, como otras de su Prólogo, del Préface de La Fonntaine a sus fábulas. Vid. ed. cit., págs. 5 y ss.

Desde luego di principio a mi obrilla. Apenas pillaban los jóvenes seminaristas alguno de mis primeros ensayos, cuando los leían y estudiaban a porfia con indecible placer y facilidad, mostrando en esto el deleite que les causa un cuentecillo adornado con la dulzura y armonía poética, y libre para ellos de las espinas de la traducción, que tan desagradablemente les punzan en los principios de su enseñanza.

Aunque esta primera prueba me asegura en parte de la utilidad de mi empresa, que es la verdadera recomendación de un escrito, no se contenta con ella mi amor propio. Siguiendo este su ambiciosa condición, desea que respectivamente logren mis fábulas igual acogida que en los niños, en los mayores, y aún si es posible, entre los doctos; pero a la verdad, esto no es tan fácil. Las espinas, que dejan de encontrar en ellas los niños, las hallarán los que no lo son, en los repetidos defectos de la obra. Quizá no parecerán estos tan de marca, dando aquí una breve noticia del método que he observado en la ejecución de mi asunto, y de las razones que he tenido para seguirle.

Después de haber repasado los preceptos de la fábula, formé mi pequeña librería de fabulistas; examiné, comparé y elegí para mis modelos, entre todos ellos, después de Esopo, a Fedro y Lafontaine; no tardé en hallar mi desengaño. El primero, más para admirado que para seguido, tuve que abandonarlo a los primeros pasos. Si la unión de la elegancia y laconismo sólo está concedida a este poeta en este género, ¿cómo podrá aspirar a ella quien escribe en lengua castellana, y palpa los grados que a esta le faltan para igualar a la latina en concisión y energía? Este conocimiento, en que me aseguró más y más la práctica, me obligó a separarme de Fedro.

Empecé a aprovecharme del segundo (como se deja ver en las fábulas de La Cigarra y la Hormiga, El Cuervo y el Zorro, y alguna otra); pero reconocí que no podía, sin ridiculizarme, trasladar a mis versos aquellas delicadas nuevas gracias y sales que tan fácil y naturalmente derrama este ingenioso fabulista en su narración.

No obstante, en el estudio que hice de este autor hallé, no solamente que la mayor parte de sus argumentos son tomados de Locmano2, Esopo y otros de los antiguos, sino que no tuvo reparo en entregarse a seguir su propio carácter tan francamente, que me atrevo a asegurar que apenas tuvo presente otro precepto en la narración, que la regla general que él mismo asienta en el prólogo de sus fábulas en boca de Quintiliano: por mucho gracejo que se dé a la narración, nunca será demasiado3.

2 Poeta gnómico árabe, legendario, mencionado en el Corán, autor de cuarenta y una fábulas extraídas de Esopo, y publicadas con una traducción latina por el orientalista holandés Thomas von Erpen en 1614.

3 Citado por La Fontaine, ed. cit., pág. 7. Se trata de De institutione oratoria libro N, 2, 116.

Con las dificultades que toqué al seguir en la formación de mi obrita a estos dos fabulistas, y con el ejemplo que hallé en el último, me resolví a escribir, tomando en cerro los argumentos de Esopo, entresacando tal cual de algún moderno, y entregándome con libertad a mi genio, no sólo en el estilo y gusto de la narración, sino aun en el variar rara vez algún tanto, ya del argumento, ya de la aplicación de la moralidad; quitando, añadiendo o mudando alguna cosa, que, sin tocar el cuerpo principal del apólogo, contribuya a darle cierto aire de novedad y gracia.

En verdad que, según mi conciencia, más de cuatro veces se peca en este método contra los preceptos de la fábula; pero esta práctica licenciosa es tan corriente entre los fabulistas, que cualquiera que se ponga a cotejar una misma fábula en diferentes versiones, la hallará tan transformada en cada una de ellas respecto del original, que degenerando por gra- dos de una en otra versión, vendrá a parecerle diferente en cada una de ellas. Pues si con todas est licencias o pecados contra las leyes de la fábula ha habido fabulistas que han hecho su carrera hasta llegar al templo de la inmortalidad, ta qué meterme yo en escrúpulos que ellos no tuvieron?

Si en algo he empleado casi nimiamente mi atención, ha sido en hacer versos fáciles hasta acomodarlos, según mi entender, a la comprensión de los muchachos. Que alguna vez parezca mi estilo, no sólo humilde, sino aun bajo, malo es; mas ¿no sería muchísimo peor que, haciéndolo incomprensible a los niños, ocupasen éstos su memoria con inútiles coplas?

A pesar de mi desvelo, en esta parte desconfío conseguir mi fin. Un autor moderno, en su Tratado de educación4, dice que en toda la colección de Lafontaine no conoce sino cinco o seis fábulas en que brilla con eminencia la sencillez pueril, y aun haciendo análisis de algunas de ellas, encuentra pasajes desproporcionados a la inteligencia de los niños. Esta crítica ha sido para mí una lección. Confesaré sinceramente que no he acertado a aprovecharme de ella, si en mi colección no se halla más de la mitad de fábulas que en la claridad - y sencillez del estilo no pueda apostárselas a la prosa más trivial. Éste me ha parecido el solo medio de acercarme al lenguaje en que debemos enseñar a los muchachos; pero ¿.quién tendrá bastante filosofía para acertar a ponerse en el lugar de éstos, y medir así los grados a que llega la comprensión de un niño?

4 Se trata de Jean Jacques Rousseau, en Émile ou de l'éducation, libro II.

En cuanto al metro, no guardo uniformidad: no es esencial a la fábula, como no lo es al epigrama y a la lira, que admiten infinita variedad de metros. En los apólogos hay tanta inconexión de uno a otro como en las liras y epigramas. Con la variedad de metros he procurado huir de aquel monotonismo que adormece los sentidos y se opone a la varia armonía, que tanto deleita el ánimo y aviva la atención. Los jóvenes que tomen de memoria estos versos adquirirán, con la repetición de ellos, alguna facilidad en hacerlos arreglados a las diversas medidas a que por este medio acostumbren su oído.

Verdad es que se hallará en mis versos gran copia de endecasílabos pareados con la alternativa de pies quebrados o de siete sílabas, pero me he acomodado a preferir su frecuente uso al de otros metros, por la ventaja que no tienen los de estancias más largas, en las cuales, por acomodar una sola voz que falte para la clara explicación de la sentencia, o queda confuso y como estrujado el pensamiento, o demasiadamente holgado y lleno de ripio.

En conclusión, puede perdonárseme bastante por haber sido el primero en la nación que ha abierto el paso a esta carrera, en que he caminado sin guía, por no haber tenido a bien entrar en ella nuestros célebres poetas castellanos. Dichoso yo si logro que, con la ocasión de corregir mis defectos, dediquen ciertos genios poéticos sus tareas a cultivar éste y otros importantes ramos de instrucción y provecho. Mientras así no lo hagan, habremos de contentarnos con leer sus excelentes églogas, y sacar de sus dulcísimos versos casi tanta melodía como de la mejor música del divino Haydn, aunque tal vez no mayor enseñanza ni utilidad.

LIBRO PRIMERO

FÁBULA PRIMERA

El asno y el cochino

A los caballeros alumnos del Real Seminario Patriótico Vascongado

Oh jóvenes amables,

Que en vuestros tiernos años Al templo de Minerva Dirigís vuestros pasos, Seguid, seguid la senda

En que marcháis, guiados, A la luz de las ciencias, Por profesores sabios.

Aunque el camino sea, Ya difícil, ya largo, Lo allana y facilita El tiempo y el trabajo.

Rompiendo el duro suelo, Con la esteva agobiado, El labrador sus bueyes Guía con paso tardo;

Mas al fin llega a verse, En medio del verano,

De doradas espigas, Como Ceres, rodeado. A mayores tareas,

A más graves cuidados

Es mayor y más dulce

El premio y el descanso. Tras penosas fatigas,

La labradora mano

¡Con qué gusto recoge Los racimos de Baco! Ea, jóvenes, ea,

Seguid, seguid marchando Al templo de Minerva,

A recibir el lauro. Mas yo sé, caballeros,

Que un joven entre tantos Responderá a mis voces: No puedo, que me canso.

Descansa enhorabuena;

¿Digo yo lo contrario? Tan lejos estoy de eso, Que en estos versos trato De daros un asunto

Que instruya deleitando, Los perros y los lobos, Los ratones y gatos,

Las zorras y las monas, Los ciervos y caballos

Os han de hablar en verso, Pero con juicio tanto,

Que sus máximas sean Los consejos más sanos. Deleitaos en ello,

Y con este descanso, A las serias tareas Volved más alentados. Ea, jóvenes, ea.

Seguid, seguid marchando Al templo de Minerva,

A recibir el lauro. Pero ¡qué! ¿os detiene El ocio y el regalo?

Pues escuchad a Esopo, Mis jóvenes amados:

Envidiando la suerte del Cochinos, Un Asno maldecía su destino.

«Yo, decía, trabajo y como paja;

Él come harina, berza, y no trabaja: A mí me dan de palos cada día;

A él le rascan y halagan a porfia.» Así se lamentaba de su suerte;   Pero luego que advierte

Que a la pocilga alguna gente avanza En guisa de matanza,

Armada de cuchillo y de caldera, Y que con maña fiera

Dan al gordo Cochino fin sangriento, Dijo entre sí el jumento:

«Si en esto para el ocio y los regalos, Al trabajo me atengo y a los palos.»

FÁBULA II

La cigarra y la hormiga

Cantando la Cigarra Pasó el verano entero, Sin hacer provisiones Allá para el invierno; Los fríos la obligaron A guardar el silencio Y a acogerse al abrigo

De su estrecho aposento. Viose desproveída

Del preciso sustento: Sin mosca, sin gusano, Sin trigo, sin centeno. Habitaba la Hormiga Allí tabique en medio, Y con mil expresiones De atención y respeto La dijo: «Doña Hormiga,

Pues que en vuestro granero Sobran las provisiones Para vuestro alimento, Prestad alguna cosa

Con que viva este invierno Esta triste Cigarra,

Que alegre en otro tiempo, Nunca conoció el daño, Nunca supo temerlo.

No dudéis en prestarme; Que fielmente prometo Pagaros con ganancias, Por el nombre que tengo.» La codiciosa Hormiga Respondió con denuedo, Ocultando a la espalda Las llaves del granero:

«¡Yo prestar lo que gano Con un trabajo inmenso! Dime, pues, holgazana,

¿Qué has hecho en el buen tiempo?»

«Yo, dijo la Cigarra, A todo pasajero Cantaba alegremente,

Sin cesar ni un momento.»

«¡Hola! ¿con que cantabas Cuando yo andaba al remo? Pues ahora, que yo como, Baila, pese a tu cuerpo.»

FÁBULA III

El muchacho y la fortuna

A la orilla de un pozo, Sobre la fresca yerba, Un incauto Mancebo Dormía a pierna suelta. Gritóle la Fortuna:

«Insensato, despierta;

¿No ves que ahogarte puedes, A poco que te muevas?

Por ti y otros canallas A veces me motejan,

Los unos de inconstante, Y los otros de adversa. Reveses de Fortuna Llamáis a las miserias;

¿Por qué, si son reveses De la conducta necia?»

FÁBULA IV

La codorniz

Presa en estrecho lazo La Codorniz sencilla, Daba quejas al aire, Ya tarde arrepentida.

«¡Ay de mí miserable Infeliz avecilla,

Que antes cantaba libre, Y ya lloro cautiva!

Perdí mi nido amado, Perdí en él mis delicias, Al fin perdilo todo, Pues que perdí la vida.

¿Por qué desgracia tanta?

¿Por qué tanta desdicha?

¡Por un grano de trigo!

¡Oh cara golosina!»» El apetito ciego

¡A cuántos precipita, Que por lograr un nada, Un todo sacrifican!

FÁBULA V

El águila y el escarabajo

«Que me matan; favor»: así clamaba Una liebre infeliz, que se miraba

En las garras de una Águila sangrienta. A las voces, según Esopo cuenta, Acudió un compasivo Escarabajo;

Y viendo a la cuitada en tal trabajo, Por libertarla de tan cruda muerte, Lleno de horror, exclama de esta suerte:

«¡Oh reina de las aves escogida!

¿Por qué quitas la vida

A este pobre animal, manso y cobarde?

¿No sería mejor hacer alarde De devorar a dañadoras fieras,

O ya que resistencia hallar no quieras, Cebar tus uñas y tu corvo pico

En el frío cadáver de un borrico?» Cuando el Escarabajo así decía,

La Águila con desprecio se reía, Y sin usar de más atenta frase,

Mata, trincha, devora, pilla y vase. El pequeño animal así burlado Quiere verse vengado.

En la ocasión primera

Vuela al nido del Águila altanera,

Halla solos los huevos, y arrastrando, Uno por uno fuelos despeñando;

Mas como nada alcanza

A dejar satisfecha una venganza, Cuantos huevos ponía en adelante

Se los hizo tortilla en el instante. La reina de las aves sin consuelo, Remontaba su vuelo,

A Júpiter excelso humilde llega, Expone su dolor, pídele, ruega Remedie tanto mal; el dios propicio, Por un incomparable beneficio,

En su regazo hizo que pusiese

El Águila sus huevos, y se fuese;

Que a la vuelta, colmada de consuelos, Encontraría hermosos sus polluelos.

Supo el Escarabajo el caso todo: Astuto e ingenioso hace de modo Que una bola fabrica diestramente De la materia en que continuamente Trabajando se halla,

Cuyo nombre se sabe, aunque se calla, Y que, según yo pienso,

Para los dioses no es muy buen incienso. Carga con ella, vuela, y atrevido

Pone su bola en el sagrado nido. Júpiter, que se vio con tal basura, Al punto sacudió su vestidura, Haciendo, al arrojar la albondiguilla, Con la bola y los huevos su tortilla. Del trágico suceso noticiosa, Arrepentida el Águila y llorosa Aprendió esa lección a mucho precio: A nadie se le trate con desprecio, Como al Escarabajo,

Porque al más miserable, vil y bajo, Para tomar venganza, si se irrita,

¿Le faltará siquiera una bolita?

FÁBULA VI

El león vencido por el hombre

Cierto artífice pintó

Una lucha, en que valiente Un Hombre tan solamente

A un horrible León venció. Otro león, que el cuadro vio, Sin preguntar por su autor, En tono despreciador

Dijo: «Bien se deja ver Que es pintar como querer, Y no fue león el pintor.»

FÁBULA VII

La zorra y el busto

Dijo la Zorra al Busto, Después de olerlo:

«Tu cabeza es hermosa, Pero sin seso»

Como éste hay muchos,

Que aunque parecen hombres, Sólo son bustos.

<u>FÁBULA VIII</u>

El ratón de la corte y el del campo

Un Ratón cortesano

Convidó con un modo muy urbano A un Ratón campesino.

Diole gordo tocino, Queso fresco de Holanda,

Y una despensa llena de vianda Era su alojamiento,

Pues no pudiera haber un aposento Tan magníficamente preparado, Aunque fuese en Ratópolis buscado Con el mayor esmero,

Para alojar a Roepan primero. Sus sentidos allí se recreaban; Las paredes y techos adornaban, Entre mil ratonescas golosinas, Salchichones, perniles y cecinas.

Saltaban de placer, ¡oh qué embeleso! De pernil en pernil, de queso en queso. En esta situación tan lisonjera

Llega la Despensera.

Oyen el ruido, corren, se agazapan, Pierden el tino, mas al fin se escapan Atropelladamente

Por cierto pasadizo abierto a diente.

«¡Esto tenemos! dijo el campesino; Reniego yo del queso, del tocino Y de quien busca gustos

Entre los sobresaltos y los sustos» Volvióse a su campaña en el instante Y estimó mucho más de allí adelante, Sin zozobra, temor ni pesadumbres, Su casita de tierra y sus legumbres.

FÁBULA IX

El herrero y el perro

Un Herrero tenía

Un Perro que no hacía

Sino comer, dormir y estarse echado; De la casa jamás tuvo cuidado; Levantábase sólo a mesa puesta; Entonces con gran fiesta

Al dueño se acercaba,

Con perrunas caricias lo halagaba, Mostrando de cariño mil excesos

Por pillar las piltrafas y los huesos.

«He llegado a notar, le dijo el amo, Que aunque nunca te llamo

A la mesa, te llegas prontamente; En la fragua jamás te vi presente, Y yo me maravillo

De que, no despertándote el martillo, Te desveles al ruido de mis dientes.

Anda, anda, poltrón; no es bien que cuentes Que el amo, hecho un gañán y sin reposo, Te mantiene a lo conde muy ocioso.»

El Perro le responde:

¿Qué más tiene que yo cualquiera conde? Para no trabajar debo al destino

Haber nacido perro, no pollino.»

«Pues, señor conde, fuera de mi casa; Verás en las demás lo que te pasa.» En efecto salió a probar fortuna,

Y las casas anduvo de una en una. Allí le hacen servir de centinela Y que pase la noche toda en vela, Acá de lazarillo y de danzante,

Allá dentro de un torno, a cada instante, Asa la carne que comer no espera.

Al cabo conoció de esta manera Que el destino, y no es cuento,

A todos nos cargó como al jumento.

<u>FÁBULA X</u>

La zorra y la cigüeñal

Una Zorra se empeña

En dar una comida a una Cigüeña; La convidó con tales expresiones, Que anunciaban sin duda provisiones De lo más excelente y exquisito.

Acepta alegre, va con apetito; Pero encontró en la mesa solamente jigote claro sobre chata fuente.

En vano a la comida picoteaba, Pues era para el guiso que miraba Inútil tenedor su largo pico.

La Zorra con la lengua y el hocico Limpió tan bien su fuente, que pudiera Servir de fregatriz si a Holanda fuera. Mas de allí a poco tiempo, convidada De la Cigüeña, halla preparada

Una redoma de jigote llena;

Allí fue su aflicción, allí su pena; El hocico goloso al punto asoma

Al cuello de la hidrópica redoma, Mas en vano, pues era tan estrecho, Cual si por la Cigueña fuese hecho. Envidiosa de ver que a conveniencia Chupaba la del pico a su presencia, Vuelve, tienta, discurre,

Huele, se desatina, en fin se aburre; Marchó rabo entre piernas, tan corrida, Que ni aun tuvo siquiera la salida

De decir: Están verdes, como antaño.

También hay para pícaros engaño.

FÁBULA XI

Las moscas

A un panal de rica miel Dos mil Moscas acudieron, Que por golosas murieron, Presas de patas en él.

Otra dentro de un pastel Enterró su golosina.

Así si bien se examina Los humanos corazones Perecen en las prisiones Del vicio que los domina.

FÁBULA XII

El leopardo y las monas

No a pares, a docenas encontraba Las Monas en Tetuán, cuando cazaba, Un Leopardo; apenas lo veían,

A los árboles todas se subían, Quedando del contrario tan seguras, Que pudiera decir: No están maduras. El cazador, astuto, se hace el muerto Tan vivamente, que parece cierto.

Hasta las viejas Monas,

Alegres en el caso y juguetonas, Empiezan a saltar; la más osada Baja, arrímase al muerto de callada, Mira, huele y aun tienta,

Y grita muy contenta:

«Llegad, que muerto está de todo punto, Tanto, que empieza a oler el tal difunto.» Bajan todas con bulla y algazara:

Ya le tocan la cara, Ya le saltan encima, Aquélla se le arrima,

Y haciendo mimos, a su lado queda; Otra se finge muerta y lo remeda. Mas luego que las siente fatigadas

De correr, de saltar y hacer monadas, Levántase ligero,

Y más que nunca fiero,

Pilla, mata, devora, de manera Que parecía la sangrienta fiera,

Cubriendo con los muertos la campaña, Al Cid matando moros en España.

Es el peor enemigo el que aparenta No poder causar daño; porque intenta Inspirando confianza,

Asegurar su golpe de venganza.

FÁBULA XIII

El ciervo en la fuente

Un Ciervo se miraba

En una hermosa cristalina Fuente; Placentero admiraba

Los enramados cuernos de su frente,

Pero al ver sus delgadas, largas piernas, Al alto cielo daba quejas tiernas.

«¡Oh dioses! ¿A qué intento,

A esta fábrica hermosa de cabeza Construir su cimiento

Sin guardar proporción en la belleza?

¡Oh qué pesar! ¡Oh qué dolor profundo!

¡No haber gloria cumplida en este mundo!» Hablando de esta suerte

El Ciervo, vio venir a un lebrel fiero. Por evitar su muerte,

Parte al espeso bosque muy ligero; Pero el cuerno retarda su salida, Con una y otra rama entretejida.

Mas libre del apuro

A duras penas, dijo con espanto:

«Si me veo seguro,

Pese a mis cuernos, fue por correr tanto; Lleve el diablo lo hermoso de mis cuernos, Haga mis feos pies el cielo eternos:»

Así frecuentemente

El hombre se deslumbra con lo hermoso; Elige lo aparente,

Abrazando tal vez lo más dañoso; Pero escarmiente ahora en tal cabeza. El útil bien es la mejor belleza.

FÁBULA XIV

El león y la zorra

Un León en otro tiempo poderoso, Ya viejo y achacoso,

En vano perseguía, hambriento y fiero, Al mamón Becerrillo y al Cordero,

Que trepando por la áspera montaña, Huían libremente de su saña.

Afligido de la hambre a par de muerte, Discurrió su remedio de esta suerte: Hace correr la voz de que se hallaba Enfermo en su palacio, y deseaba

Ser de los animales visitado. Acudieron algunos de contado;

Mas como el grave mal que lo postraba Era un hambre voraz, tan sólo usaba La receta exquisita

De engullirse al monsieur de la visita. Acércase la Zorra de callada,

Y a la puerta asomada, Atisba muy despacio

La entrada de aquel cóncavo palacio. El León la divisó, y en el momento La dice: «Ven acá; pues que me siento En el último instante de mi vida, Visítame como otros, mi querida.»

«¡Como otros! ¡Ah señor! he conocido Que entraron, sí, pero no han salido. Mirad, mirad la huella,

Bien claro lo dice ella;

Y no es bien el entrar do no se sale.» La prudente cautela mucho vale.

FÁBULA XV

La cierva y el cervato

A una Cierva decía

Su tierno Cervatillo: «Madre mía,

¡Es posible que un perro solamente Al bosque te haga huir cobardemente, Siendo él mucho menor, menos pujante!

¿Por qué no has de ser tú más arrogante?»

«Todo es cierto, hijo mío;

Y cuando así lo pienso, desafío

A mis solas a veinte perros juntos. Figúrome luchando, y que difuntos

Dejo a los unos; que otros, falleciendo, Pisándose las tripas, van huyendo

En vano de la muerte,

Y a todos venzo de gallarda suerte; Mas si embebida en este pensamiento, A un perro ladrar siento,

Escapo más ligera que un venablo,

Y mi victoria se la lleva el diablo.»

A quien no sea de ánimo esforzado No armarlo de soldado,

Pues por más que, al mirarse la armadura, Piense, en tiempo de paz, que su bravura Herirá, matará cuanto acometa,

En oyendo en campaña la trompeta, Hará lo que la Corza de la historia,

Mas que el diablo se lleve la victoria.

FÁBULA XVI

El labrador y la cigüeña

Un Labrador miraba

Con duelo su sembrado, Porque gansos y grullas

De su trigo solían hacer pasto. Armó sin más tardanza Diestramente sus lazos,

Y cayeron en ellos

La Cigüeña, las grullas y los gansos.

«Señor rústico, dijo La Cigüeña temblando, Quíteme las prisiones,

Pues no merezco pena de culpados; La diosa Ceres sabe

Que, lejos de hacer daño, Limpio de sabandijas,

De culebras y víboras los campos.»

«Nada me satisface, Respondió el hombre airado: Te hallé con delincuentes,

Con ellos morirás entre mis manos.»

La inocente Cigüeña Tuvo el fin desgraciado, Que pueden prometerse

Los buenos que se juntan con los malos.

FÁBULA XVII

La serpiente y la lima

En casa de un cerrajero Entró la Serpiente un día, Y la insensata mordía

En una Lima de acero. Díjole la Lima: «El mal, Necia, será para ti;

¿Cómo has de hacer mella en mí, Que hago polvos el metal?»

Quien pretende sin razón Al más fuerte derribar No consigue sino dar Coces contra el aguijón.

FÁBULA XVIII

El calvo y la mosca

Picaba impertinente

En la espaciosa calva de un Anciano Una Mosca insolente.

Quiso matarla, levantó la mano, Tiró un cachete, pero fuese salva, Hiriendo el golpe la redonda calva. Con risa desmedida

La Mosca prorrumpió: «Calvo maldito, Si quitarme la vida

Intentaste por un leve delito,

¿A qué pena condenas a tu brazo, Bárbaro ejecutor de tal porrazo?»

«Al que obra con malicia,

Le respondió el varón prudentemente, Rigurosa justicia

Debe dar el castigo conveniente, Y es bien ejercitarse la clemencia En el que peca por inadvertencia. Sabe, Mosca villana,

Que coteja el agravio recibido La condición humana,

Según la mano de donde ha venido»;

Que el grado de la ofensa tanto asciende Cuanto sea más vil aquel que ofende.

FÁBULA XIX

Los dos amigos y el oso

A dos Amigos se aparece un Oso: El uno, muy medroso,

En las ramas de un árbol se asegura; El otro, abandonado a la ventura,

Se finge muerto repentinamente. El Oso se le acerca lentamente;

Mas como este animal, según se cuenta, De cadáveres nunca se alimenta,

Sin ofenderlo lo registra y toca, Huélele las narices y la boca; No le siente el aliento,

Ni el menor movimiento;

Y así, se fue diciendo sin recelo:

«Este tan muerto está como mi abuelo.» Entonces el cobarde,

De su grande amistad haciendo alarde, Del árbol se desprende muy ligero, Corre, llega y abraza al compañero, Pondera la fortuna

De haberle hallado sin lesión alguna, Y al fin le dice: «Sepas que he notado Que el Oso te decía algún recado.

¿Qué pudo ser?» «Diréte lo que ha sido; Estas dos palabritas al oído:

Aparta tu amistad de la persona

Que si te ve en el riesgo, te abandona.»

FÁBULA XX

La águila, la gata y la jabalina

Una Águila anidó sobre una encina. Al pie criaba cierta Jabalina,

Y era un hueco del tronco corpulento De una Gata y sus crías aposento.

Esta gran marrullera

Sube al nido del Águila altanera, Y con fingidas lágrimas la dice:

«¡Ay mísera de mí! ¡ay infelice! Este si que es trabajo:

La vecina que habita el cuarto bajo, Como tú misma ves, el día pasa Hozando los cimientos de la casa.

La amainará, y en viendo la traidora

Por tierra a nuestros hijos, los devora.» Después que dejó al Águila asustada,

A la cueva se baja de callada,

Y dice a la cerdosa: «Buena amiga, Has de saber que la Águila enemiga,

Cuando saques tus crías hacia el monte, Las ha de devorar; así disponte.»

La Gata, aparentando que temía, Se retiró a su cuarto, y no salía

Sino de noche, que con maña astuta Abastecía su pequeña gruta.

La Jabalina, con tan triste nueva, No salió de su cueva.

La Águila, en el ramaje temerosa Haciendo centinela, no reposa.

En fin, a ambas familias la hambre mata, Y de ellas hizo víveres la Gata.

Jóvenes, ojo alerta, gran cuidado; Que un chismoso en amigo disfrazado Con copa de amistad cubre sus trazas, Y así causan el mal sus añagazas.

LIBRO SEGUNDO

FÁBULA PRIMERA

El león con su ejército

A Don Javier María de Munive e Maquez, conde de Peñaflorida, director perpetuo

de la Real Sociedad Vascongada de los Amigos del País

Mientras que con la espada en mar y tierra Los ilustres varones

Engrandecen su fama por la guerra, Sojuzgando naciones,

Tú, Conde, con la pluma y el arado,

Ya enriqueces la patria, ya la instruyes, Y haciendo venturosos has ganado

El bien que buscas y el laurel que huyes. Con darte todo al bien de los humanos

No contento tu celo,

Supo unir a los nobles ciudadanos Para felicidad del patrio suelo. La hormiga codiciosa

Trabaja en sociedad fructuosamente, Y la abeja oficiosa

Labra siempre ayudada de su gente. Así unes a los hombres laboriosos

Para hacer sus trabajos más fructuosos. Aquél viaja observando

Por las naciones cultas;

Éste con experiencias va mostrando Las útiles verdades más ocultas.

Cuál cultiva los campos, cuál las ciencias; Y de diversos modos,

Juntando estudios, viajes y experiencias, Resulta el bien en que trabajan todos.

¡En que trabajan todos! Ya lo dije, Por más que yo también sea contado. El sabio Presidente que nos rige Tiene aun al más inútil ocupado.

Darme, Conde, querías un destino, Al contemplarme ocioso e ignorante. Era difícil; mas al fin tu tino

Encontró un genio en mí versificante. A Fedro y Lafontaine por modelos

Me pusiste a la vista, Y hallaron tus desvelos

Que pudiera ensayarme a fabulista. Y pues viene al intento,

Pasemos al ensayo: va de cuento.

El León, rey de los bosques poderoso, Quiso armar un ejército famoso.

Juntó sus animales al instante: Empezó por cargar al elefante Un castillo con útiles, y encima

Rabiosos lobos, que pusiesen grima. Al oso le encargó de los asaltos; Al mono con sus gestos y sus saltos Mandó que al enemigo entretuviese; A la Zorra que diese

Ingeniosos ardides al intento.

Uno gritó: «La liebre y el jumento. Éste por tardo, aquélla por medrosa, De estorbo servirán, no de otra cosa.»

«¿De estorbo? dijo el Rey; yo no lo creo. En la liebre tendremos un correo,

Y en el asno mis tropas un trompeta.» Así quedó la armada bien completa.

Tu retrato es el León, Conde prudente, Y si a tu imitación, según deseo, Examinan los jefes a su gente,

A todos han de dar útil empleo.

¿Por qué no lo han de hacer? ¿Habrá cucaña Como no hallar ociosos en España?.

FÁBULA II

La lechera

Llevaba en la cabeza

Una Lechera el cántaro al mercado Con aquella presteza,

Aquel aire sencillo, aquel agrado,

Que va diciendo a todo el que lo advierte

«¡Yo sí que estoy contenta con mi suerte!» Porque no apetecía

Más compañía que su pensamiento, Que alegre la ofrecía

Inocentes ideas de contento, Marchaba sola la feliz Lechera, Y decía entre sí de esta manera:

«Esta leche vendida,

En limpio me dará tanto dinero, Y con esta partida

Un canasto de huevos comprar quiero, Para sacar cien pollos, que al estío Me rodeen cantando el pío, pío.

Del importe logrado

De tanto pollo mercaré un cochino; Con bellota, salvado,

Berza, castaña engordará sin tino, Tanto, que puede ser que yo consiga Ver cómo se le arrastra la barriga.

Llevarélo al mercado,

Sacaré de él sin duda buen dinero; Compraré de contado

Una robusta vaca y un temero,

Que salte y corra toda la campaña, Hasta el monte cercano a la cabaña.»

Con este pensamiento Enajenada, brinca de manera, Que a su salto violento

El cántaro cayó. ¡Pobre Lechera!

¡Qué compasión! Adiós leche, dinero, Huevos, pollos, lechón, vaca y ternero.

¡Oh loca fantasía!

¡Qué palacios fabricas en el viento! Modera tu alegría

No sea que saltando de contento, Al contemplar dichosa tu mudanza, Quiebre su cantando la esperanza.

No seas ambiciosa

De mejor o más próspera fortuna, Que vivirás ansiosa

Sin que pueda saciarte cosa alguna.

No anheles impaciente el bien futuro; Mira que ni el presente está seguro.

FÁBULA III

El asno sesudo

Cierto Burro pacía

En la fresca y hermosa pradería

Con tanta paz como si aquella tierra No fuese entonces teatro de la guerra. Su dueño, que con miedo lo guardaba, De centinela en la ribera estaba.

Divisa al enemigo en la llanura, Baja, y al buen Borrico le conjura Que huya precipitado.

El Asno, muy sesudo y reposado, Empieza a andar a paso perezoso. Impaciente su dueño y temeroso Con el marcial ruido

De bélicas trompetas al oído,

Le exhorta con fervor a la carrera.

«¡Yo correr! dijo el Asno, bueno fuera; Que llegue en hora buena Marte fiero; Me rindo, y él me lleva prisionero.

¿Servir aquí o allí no es todo uno?

¿Me pondrán dos albardas? No, ninguno. Pues nada pierdo, nada me acobarda; Siempre seré un esclavo con albarda.» No estuvo más en sí ni más entero

Que el buen Pollino Amiclas el Barquero, Cuando en su humilde choza le despierta César, con sus soldados a la puerta, Para que a la Calabria los guiase.

¿Se podría encontrar quien no temblase Entre los poderosos

De insultos militares horrorosos De la guerra enemiga?

No hay sino la pobreza que consiga Esta gran exención: de aquí le viene.

Nada teme perder quien nada tiene.

FÁBULA IV

El zagal y las ovejas

Apacentando un joven su ganado,

Gritó desde la cima de un collado:

«¡Favor! que viene el lobo, labradores.» Éstos, abandonando sus labores,

Acuden prontamente,

Y hallan que es una chanza solamente. Vuelve a clamar, y temen la desgracia; Segunda vez los burla. ¡Linda gracia! Pero ¿qué sucedió la vez tercera?

Que vino en realidad la hambrienta fiera. Entonces el Zagal se desgañita,

Y por más que patea, llora y grita, No se mueve la gente escarmentada, Y el lobo le devora la manada.

¡Cuántas veces resulta de un engaño, Contra el engañador el mayor daño!

FÁBULA V

La águila, la corneja y la tortuga

A una Tortuga una Águila arrebata; La ladrona se apura y desbarata

Por hacerla pedazos,

Ya que no con la garra, a picotazos. Viéndola una Corneja en tal,faena, La dice: «En vano tomas tanta pena:

¿No ves que es la Tortuga, cuya casa Diente, cuerno ni pico la traspasa, Y si siente que llaman a su puerta,

Se finge la dormida, sorda o muerta?»

«Pues ¿qué he de hacer?» «Remontarás tu vuelo, Y en mirándote allá cerca del cielo

La dejarás caer sobre un peñasco,

Y se hará una tortilla el duro casco.» La Águila, porque diestra lo ejecuta, Y la Comeja astuta,

Por autora de aquella maravilla, juntamente comieron la tortilla.

¿Qué podrá resistirse a un poderoso Guiado de un consejo malicioso?

De estos tales se aparta el que es prudente; Y así por escaparse de esta gente

Las descendientes de la tal Tortuga A cuevas ignoradas hacen fuga.

FÁBULA VI

El lobo y la cigüeña

Sin duda alguna que se hubiera ahogado Un Lobo con un hueso atragantado,

Si a la sazón no pasa una Cigüeña. El paciente la ve, hácela seña; Llega, y ejecutiva,

Con su pico, jeringa primitiva, Cual diestro cirujano,

Hizo la operación y quedó sano. Su salario pedía,

Pero el ingrato Lobo respondía:

«<Tu salario? Pues ¿qué más recompensa Que el no haberte causado leve ofensa, Y dejarte vivir para que cuentes

Que pusiste tu vida entre mis dientes?» Marchó por evitar una desdicha,

Sin decir tus ni mus, la susodicha.

Haz bien, dice el proverbio castellano, Y no sepas a quién; pero es muy llano Que no tiene razón ni por asomo:

Es menester saber a quién y cómo. El ejemplo siguiente

Nos hará esta verdad más evidente.

FÁBULA VII

El hombre y la culebra

A una Culebra que, de frío yerta, En el suelo yacía medio muerta

Un labrador cogió; mas fue tan bueno, Que incautamente la abrigó en su seno. Apenas revivió, cuando la ingrata

A su gran bienhechor traidora mata.

FÁBULA VIII

El pájaro herido de una flecha

Un Pájaro inocente, Herido de una flecha Guarnecida de acero Y de plumas ligeras, Decía en su lenguaje

Con amargas querellas:

«¡Oh crueles humanos! Más crueles que fieras,

Con nuestras propias alas, Que la naturaleza

Nos dio, sin otras armas Para propia defensa, Forjáis el instrumento De la desdicha nuestra, Haciendo que inocentes Prestemos la materia.

Pero no, no es extraño Que así bárbaros sean Aquellos que en su ruina Trabajan, y no cesan.

Los unos y otros fraguan Armas para la guerra,

Y es dar contra sus vidas Plumas para las flechas.»

FÁBULA IX

El pescador y el pez

Recoge un Pescador su red tendida, Y saca un pececillo. «Por tu vida, Exclamó el inocente prisionero, Dame la libertad: sólo la quiero, Mira que no te engaño,

Porque ahora soy ruín; dentro de un año Sin duda lograrás el gran consuelo

De pescarme más grande que mi abuelo.

¡Qué! ¿te burlas? ¿te ríes de mi llanto? Sólo por otro tanto

A un hermanito mío

Un Señor pescador lo tiró al río.»

«¿Por otro tanto al río? ¡qué manía! Replicó el pescador: ¿pues no sabía Que el refrán castellano

Dice: ¡Más vale pájaro en la mano...! A sartén te condeno; que mi panza

No se llena jamás con la esperanza.»

FÁBULA X

El gorrión y la liebrel

Un maldito Gorrión así decía

A una Liebre que una Águila oprimía:

«No eres tú tan ligera,

Que si el perro te sigue en la carrera, Lo acarician y alaban como al cabo Acerque sus narices a tu rabo?

Pues empieza a correr, ¿qué te detiene?» De este modo la insulta, cuando viene El diestro Gavilán y la arrebata.

El preso chilla, el prendedor lo mata; Y la Liebre exclamó: «Bien merecido.

¿Quién te mandó insultar al afligido, Y a más, a más meterte a consejero, No sabiendo mirar por ti primero?»

FÁBULA XI

Júpiter y la tortugal

A las bodas de Júpiter estaban Todos los animales convidados: Unos y otros llegaban

A la fiesta nupcial apresurados.

No faltaba a tan grande concurrencia Ni aun la reptil y más lejana oruga, Cuando llega muy tarde y con paciencia, A paso perezoso, la Tortuga.

Su tardanza reprende el dios airado, Y ella le respondió sencillamente:

«Si es mi casita mi retiro amado,

¿Cómo podré dejarla prontamente?» Por tal disculpa Júpiter tonante, Olvidando el indulto de las fiestas,

La ley del caracol le echó al instante, Que es andar con la casa siempre a cuestas.

Gentes machuchas hay que hacen alarde

De que aman su retiro con exceso; Pero a su obligación acuden tarde: Viven como el ratón dentro del queso.

<u>FÁBULA XII</u>

El charlatan

«Si cualquiera de ustedes Se da por las paredes

O arroja de un tejado,

Y queda, a buen librar, descostillado, Yo me reiré muy bien: importa un pito, Como tenga mi bálsamo exquisito.»

Con esta relación un chacharero Gana mucha opinión y más dinero;

Pues el vulgo, pendiente de sus labios,

Más quiere a un Charlatán que a veinte sabios. Por esta conveniencia

Los hay el día de hoy en toda ciencia, Que ocupan, igualmente acreditados, Cátedras, academias y tablados.

Prueba de esta verdad será un famoso Doctor en elocuencia, tan copioso

En charlatanería, Que ofreció enseñaría

A hablar discreto con fecundo pico, En diez años de término, a un borrico. Sábelo el Rey; lo llama, y al momento Le manda dé lecciones a un jumento; Pero bien entendido

Que sería, cumpliendo lo ofrecido, Ricamente premiado;

Mas cuando no, que moriría ahorcado. El doctor asegura nuevamente

Sacar un orador asno elocuente. Dícele callandito un cortesano:

«Escuche, buen hermano; Su frescura me espanta:

A cáñamo me huele su garganta.»

«No temáis, señor mío,

Respondió el Charlatán, pues yo me río.

¿En diez años de plazo que tenemos, El Rey, el asno o yo no moriremos?»

Nadie encuentra embarazo En dar un largo plazo

A importantes negocios; mas no advierte Que ajusta mal su cuenta sin la muerte.

FÁBULA XIII

El milano y las palomas

A las tristes Palomas un Milano, Sin poderlas pillar, seguía en vano; Mas él a todas horas

Servía de lacayo a estas señoras.

Un día, en fin, hambriento e ingenioso, Así las dice: «¿Amáis vuestro reposo,

Vuestra seguridad y conveniencia? Pues creedme en mi conciencia:

En lugar de ser yo vuestro enemigo, Desde ahora me obligo,

Si la banda por rey me aclama luego, A tenerla con sosiego,

Sin que de garra o pico tema agravio; Pues tocante a la paz seré un Octavio.» Las sencillas palomas consintieron; Aclamándole por rey, «Viva, dijeron, Nuestro rey el Milano.»

Sin esperar a más, este tirano Sobre un vasallo mísero se planta; Déjalo con el viva en la garganta; Y continuando así sus tiranías, Acabó con el reino en cuatro días.

Quien al poder se acoja de un malvado Será, en vez de feliz, un desdichado.

FÁBULA XIV

Las dos ranas

Tenían dos Ranas Sus pastos vecinos, Una en un estanque, Otra en el camino. Cierto día a ésta Aquélla la dijo:

«¡Es creíble, amiga, De tu mucho juicio, Que vivas contenta Entre los peligros, Donde te amenazan, Al paso preciso,

Los pies y las ruedas Riesgos infinitos!

Deja tal vivienda; Muda de destino; Sigue mi dictamen Y vente conmigo.» En tono de mofa,

Haciendo mil mimos, Respondió a su amiga:

«¡Excelente aviso!

¡A mí novedades! Vaya, ¡qué delirio! Eso sí que fuera Darme el diablo ruido.

¡Yo dejar la casa Que fue domicilio De padres, abuelos Y todos los míos,

Sin que haya memoria De haber sucedido La menor desgracia

Desde luengos siglos!»

«Allá te compongas; Mas ten entendido Que tal vez sucede

Lo que no se ha visto.»

Llegó una carreta

A este tiempo mismo, Y a la triste Rana Tortilla la hizo.

Por hombres de seso Muchos hay tenidos, Que a nuevas razones Cierran los oídos.

Recibir consejos Es un desvarío;

La rancia costumbre Suele ser su libro.

FÁBULA XV

El parto de los montes

Con varios ademanes horrorosos

Los montes de parir dieron señales; Consintieron los hombres temerosos Ver nacer los abortos más fatales. Después que con bramidos espantosos Infundieron pavor a los mortales,

Estos montes, que al mundo estremecieron, Un ratoncillo fue lo que parieron.

Hay autores que en voces misteriosas Estilo fanfarrón y campanudo

Nos anuncian ideas portentosas; Pero suele a menudo

Ser el gran parto de su pensamiento, Después de tanto ruido sólo viento.

<u>FÁBULA XVI</u>

Las ranas pidiendo rey

Sin Rey vivía, libre, independiente, El pueblo de las Ranas felizmente.

La amable libertad sola reinaba

En la inmensa laguna que habitaba; Mas las Ranas al fin un Rey quisieron, A Júpiter excelso lo pidieron;

Conoce el dios la súplica importuna, Y arroja un Rey de palo a la laguna: Debió de ser sin duda buen pedazo, Pues dio su majestad tan gran porrazo, Que el ruido atemoriza al reino todo; Cada cual se zambulle en agua o lodo, Y quedan en silencio tan profundo Cual si no hubiese ranas en el mundo. Una de ellas asoma la cabeza,

Y viendo a la real pieza,

Publica que el monarca es un zoquete. Congrégase la turba, y por juguete

Lo desprecian, lo ensucian con el cieno, Y piden otro Rey, que aquél no es bueno. El padre de los dioses, irritado,

Envía a un culebrón, que a diente airado

Muerde, traga, castiga,

Y a la mísera grey al punto obliga A recurrir al dios humildemente.

«Padeced, les responde, eternamente; Que así castigo a aquel que no examina Si su solicitud será su ruina.»

<u>FÁBULA XVII</u>

El asno y el caballo

«¡Ah! ¡quién fuese Caballo! Un Asno melancólico decía; Entonces sí que nadie me vería

Flaco, triste y fatal como me hallo. Tal vez un caballero

Me mantendría ocioso y bien comido, Dándose su merced por muy servido Con corvetas y saltos de carnero.

Trátanme ahora como vil y bajo; De risa sirve mi contraria suerte;

Quien me apalea más, más se divierte, Y menos como cuando más trabajo.

No es posible encontrar sobre la tierra Infeliz como yo.» Tal se juzgaba,

Cuando al Caballo ve cómo pasaba, Con su jinete y armas, a la guerra.

Entonces conoció su desatino, Rióse de corvetas y regalos,

Y dijo: «Que trabaje y lluevan palos, No me saquen los dioses de Pollino.»

FÁBULA XVIII

El cordero y el lobo

Uno de los corderos mamantones, Que para los glotones

Se crían, sin salir jamás al prado, Estando en la cabaña muy cerrado, Vio por una rendija de la puerta Que el caballero Lobo estaba alerta, En silencio esperando astutamente

Una calva ocasión de echarle el diente. Mas él, que bien seguro se miraba,

Así lo provocaba:

«Sepa usted, señor Lobo, que estoy preso, Porque sabe el pastor que soy travieso; Mas si él no fuese bobo,

No habría ya en el mundo ningún Lobo. Pues yo corriendo libre por los cerros, Sin pastores ni perros,

Con sólo mi pujanza y valentía Contigo y con tu raza acabaría.»

«Adiós, exclamó el Lobo, mi esperanza De regalar a mi vacía panza.

Cuando este miserable me provoca Es señal de que se halla de mi boca

Tan libre como el cielo de ladrones.»

Así son los cobardes fanfarrones,

Que se hacen en los puestos ventajosos Más valentones cuanto más medrosos.

FÁBULA XIX

Las cabras y los chivos

Desde antaño en el mundo Reina el vano deseo

De parecer iguales

A los grandes señores los plebeyos. Las Cabras alcanzaron

Que Júpiter excelso Les diese barba larga

Para su autoridad y su respeto. Indignados los Chivos

De que su privilegio

Se extendiese a las Cabras, Lampiñas con razón en aquel tiempo, Sucedió la discordia

Y los amargos celos A la paz octaviana

Con que fue gobernado el barbón pueblo. Júpiter dijo entonces,

Acudiendo al remedio:

«¿Qué importa que las Cabras Disfruten un adorno propio vuestro Si es mayor ignominia

De su vano deseo, Siempre que no igualaren

En fuerzas y valor a vuestro cuerpo?»

El mérito aparente Es digno de desprecio; La virtud solamente

Es del hombre el ornato verdadero.

FÁBULA XX

El caballo y el ciervo

Perseguía un Caballo vengativo

A un Ciervo que le hizo leve ofensa; Mas hallaba segura la defensa

En veloz carrera el fugitivo.

El vengador, perdida la esperanza

De alcanzarlo, y lograr así su intento, Al hombre le pidió su valimiento

Para tomar del ofensor venganza. Consiente el hombre, y el Caballo airado

Sale con su jinete a la campaña; Corre con dirección, sigue con maña, Y queda al fin del ofensor vengado.

Muéstrase al bienhechor agradecido; Quiere marcharse libre de su peso; Mas desde entonces mismo quedó preso, Y eternamente al hombre sometido.

El Caballo que suelto y rozagante

En el frondoso bosque y prado ameno Su libertad gozaba tan de lleno, Padece sujeción desde ese instante.

Oprimido del yugo ara la tierra; Pasa tal vez la vida más amarga; Sufre la silla, freno, espuela, carga, Y aguanta los horrores de la guerra.

En fin perdió la libertad amable Por vengar una ofensa solamente. Tales los frutos son que ciertamente Produce la venganza detestable.

LIBRO TERCERO FÁBULA PRIMERA

El águila y el cuervo

A Don Tomás de Iriarte

En mis versos, Iriarte, Ya no quiero más arte

Que poner a los tuyos por modelo. A competir anhelo

Con tu numen, que el sabio mundo admira, Si me prestas tu lira,

Aquélla en que tocaron dulcemente

Música y Poesia juntamente.

Esto no puede ser: ordena Apolo Que, digno sólo tú, la pulses solo.

¿Y, por qué sólo tú? Pues cuando menos,

¿No he de hacer versos fáciles, amenos, Sin ambicioso ornato?

¿Gastas otro poético aparato?

Si tú sobre el Parnaso te empinases, Y desde allí cantases:

Risco tramonto de época altanera,

«Góngora que te siga», te dijera; Pero si vas marchando por el llano, Cantándonos en verso castellano Cosas claras, sencillas, naturales, Y todas ellas tales,

Que aun aquel que no entiende poesía Dice: Eso yo también me lo diría;

¿Por qué no he de imitarte, y aun acaso Antes que tú trepar por el Parnaso?

No imploras las sirenas ni las musas, Ni de númenes usas,

Ni aun siquiera confias en Apolo. A la naturaleza imploras solo,

Y ella, sabia, te dicta sus verdades. Yo te imito: no invoco a las deidades, Y por mejor consejo,

Sea mi sacro numen cierto viejo, Esopo digo. Díctame, machucho,

Una de tus patrañas; que te escucho.

Una Águila rapante,

Con vista perspicaz, rápido vuelo, Descendiendo veloz de junto al cielo, Arrebató un cordero en un instante.

Quiere un Cuervo imitarla: de un carnero En el vellón sus uñas hacen presa;

Queda enredado entre la lana espesa, Como pájaro en liga prisionero.

Hacen de él los pastores vil juguete, Para castigo de su intento necio.

Bien merece la burla y el desprecio El Cuervo que a ser Águila se mete.

El viejo me ha dictado esta patraña, y astutamente así me desengaña.

Esa facilidad, esa destreza,

Con que arrebató el Águila su pieza, Fue la que engañó al Cuervo, pues creía Que otro tanto a lo menos él haría.

Mas ¿qué logró? Servirme de escarmiento.

¡Ojalá que sirviese a más de ciento, Poetas de mal gusto inficionados,

Y dijesen, cual yo, desengañados:

«El Águila eres tú, divino Iriarte; Ya no pretendo más sino admirarte: Sea tuyo el laurel, tuya la gloria,

Y no sea yo el cuervo de la historia!»

FÁBULA II

Los animales con peste

En los montes, los valles y collados, De animales poblados,

Se introdujo la peste de tal modo, Que en un momento lo inficiona todo. Allí, donde su corte el León tenía, Mirando cada día

Las cacerías, luchas y carreras

De mansos brutos y de bestias fieras, Se veían los campos ya cubiertos

De enfermos miserables y de muertos.

«Mis amados hermanos,

Exclamó el triste Rey, mis cortesanos, Ya véis que el justo cielo nos obliga A implorar su piedad, pues nos castiga Con tan horrenda plaga:

Tal vez se aplacará con que se le haga Sacrificio de aquel más delincuente, Y muera el pecador, no el inocente.

Confiese todo el mundo su pecado. Yo, cruel, sanguinario, he devorado Inocentes corderos,

Ya vacas, ya terneros,

Y he sido, a fuerza de delito tanto,

De la selva terror, del bosque espanto.»

«Señor, dijo la Zorra, en todo eso No se halla más exceso

Que el de vuestra bondad, pues que se digna De teñir en la sangre ruin, indigna,

De los viles cornudos animales

Los sacros dientes y las uñas reales.» Trató la corte al Rey de escrupuloso.

Allí del Tigre, de la Onza y Oso Se oyeron confesiones

De robos y de muertes a millones; Mas entre la grandeza, sin lisonja, Pasaron por escrúpulos de monja.

El Asno, sin embargo, muy confuso Prorrumpió: «Yo me acuso

Que al pasar por un trigo este verano, Yo hambriento y él lozano,

Sin guarda ni testigo,

Caí en la tentación: comí del trigo.»

«¡Del trigo! ¡y un jumento!

Gritó la Zorra, ¡horrible atrevimiento!» Los cortesanos claman: «Éste, éste Irrita al cielo, que nos da la peste.» Pronuncia el Rey de muerte la sentencia. Y ejecutóla el Lobo a su presencia.

Te juzgarán virtuoso

Si eres, aunque perverso, poderoso; Y aunque bueno, por malo detestable Cuando te miran pobre y miserable.

Esto hallará en la corte quien la vea Y aún en el mundo todo. ¡Pobre Astrea!

<u>FÁBULA III</u>

El milano enfermo

Un Milano, después de haber vivido Con la conciencia peor que un forajido, Enfermó gravemente.

Supuesto que el paciente

Ni a Galeno ni a Hipócrates leía, A bulto conoció que se moría.

A los dioses desea ver propicios, Y ofrecerles entonces sacrificios

Por medio de su madre, que, afligida, Rogaría sin duda por su vida.

Mas ésta le responde: «Desdichado,

¿Cómo podré alcanzar para un malvado De los dioses clemencia,

Si en vez de darles culto y reverencia, Ni aun perdonaste a víctima sagrada, En las aras divinas inmolada?»

Así queremos irritando al cielo

Que en la tribulación nos dé consuelo.

FÁBULA IV

El león envejecidos

Al miserable estado

De una cercana muerte reducido Estaba ya postrado

Un viejo León, del tiempo consumido, Tanto más infeliz y lastimoso, Cuanto había vivido más dichoso.

Los que cuando valiente

Humildes le rendían vasallaje, Al verlo decadente,

Acuden a tratarle con ultraje;

Que como la experiencia nos enseña, De árbol caído todos hacen leña.

Cebados a portea,

Lo sitiaban sangrientos y feroces. El lobo le mordía,

Tirábale el caballo fuertes coces, Luego le daba el toro una cornada, Después el jabalí su dentellada.

Sufrió constantemente

Estos insultos, pero reparando Que hasta el asno insolente

Iba a ultrajarle, falleció clamando:

«Esto es doble morir; no hay sufrimiento, Porque muero injuriado de un jumento.»

Si en su mudable vida

Al hombre la fortuna ha derribado Con mísera caída

Desde donde lo había ella encumbrado

¿Qué ventura en el mundo se promete

Si aun de los viles llega a ser juguete?

FÁBULA V

La zorra y la gallina

Una Zorra, cazando,

De corral en corral iba saltando; A favor de la noche, en una aldea Oye al gallo cantar: maldito sea. Agachada y sin ruido,

A merced del olfato y del oído, Marcha, llega, y oliendo a un agujero,

«Este es», dice, y se cuela al gallinero. Las aves se alborotan, menos una,

Que estaba en cesta como niño en cuna, Enferma gravemente.

Mirándola la Zorra astutamente,

La pregunta: «¿Qué es eso, pobrecita?

¿Cuál es tu enfermedad? ¿Tienes pepita? Habla; ¿cómo la pasas, desdichada?»

La enferma la responde apresurada:

«Muy mal me va, señora, en este instante; Muy bien si usted se quita de delante.»

Cuántas veces se vende un enemigo, Como gato por liebre, por amigo;

Al oír su fingido cumplimiento, Respondiérale yo para escarmiento:

«Muy mal me va, señor, en este instante; Muy bien si usted se quita de delante.»

<u>FÁBULA VI</u>

La cierva y el león

Más ligera que el viento, Precipitada huía

Una inocente Cierva, De un cazador seguida. En una oscura gruta, Entre espesas encinas, Atropelladamente Entró la fugitiva.

Mas ¡ay! que un León sañudo, Que allí mismo tenía

Su albergue, y era susto De la selva vecina, Cogiendo entre sus garras A la res fugitiva,

Dio con cruel fiereza

Fin sangriento a su vida.

Si al evitar los riesgos La razón no nos guía,

Por huir de un tropiezo, Damos mortal caída.

FÁBULA VII

El león enamorado

Amaba un León a una zagala hermosa; Pidióla por esposa

A su padre, pastor, urbanamente. El hombre, temeroso mas prudente,

Le respondió: «Señor, en mi conciencia, Que la muchacha logra conveniencia; Pero la pobrecita, acostumbrada

A no salir del prado y la majada, Entre la mansa oveja y el cordero, Recelará tal vez que seas fiero.

No obstante, bien podremos, si consientes, Cortar tus uñas y limar tus dientes,

Y así verá que tiene tu grandeza Cosas de majestad, no de fiereza.» Consiente el manso León enamorado, Y el buen hombre lo deja desarmado; Da luego su silbido:

Llegan el Matalobos y Atrevido, Perros de su cabaña; de esta suerte Al indefenso León dieron la muerte.

Un cuarto apostaré a que en este instante Dice, hablando del León, algún amante,

Que de la misma muerte haría gala, Con tal que se la diese la zagala. Deja, Fabio, el amor, déjalo luego;

Mas hablo en vano, porque, siempre ciego, No ves el desengaño,

Y así te entregas a tu propio daño.

FÁBULA VIII

Congreso de los ratones

Desde el gran Zapirón, el blanco y rubio,

Que después de las aguas del diluvio Fue padre universal de todo gato,

Ha sido Miauragato

Quien más sangrientamente

Persiguió a la infeliz ratona gente. Lo cierto es que, obligada

De su persecución la desdichada, En Ratópolis tuvo su congreso.

Propuso el elocuente Roequeso Echarle un cascabel, y de esa suerte Al ruido escaparían de la muerte.

El proyecto aprobaron uno a uno,

¿Quién lo ha de ejecutar? eso ninguno.

«Yo soy corto de vista. Yo muy viejo. Yo gotoso», decían. El concejo

Se acabó como muchos en el mundo. Proponen un proyecto sin segundo:

Lo aprueban: hacen otro. ¡Qué portento! Pero ¿la ejecución? Ahí está el cuento.

FÁBULA IX

El lobo y la oveja

Cruzando montes y trepando cerros, Aquí mato, allí robo,

Andaba cierto Lobo,

Hasta que dio en las manos de los perros. Mordido y arrastrado

Fue de sus enemigos cruelmente; Quedó con vida milagrosamente,

Mas inválido, al fin, y derrotado. Iba el tiempo curando su dolencia;

El hambre al mismo tiempo le afligía; Pero como cazar aún no podía,

Con las yerbas hacía penitencia. Una Oveja pasaba, y él la dice:

«Amiga, ven acá, llega al momento; Enfermo estoy y muero de sediento: Socorre con el agua a este infelice.»

«¿Agua quieres que yo vaya a llevarte? Le responde la Oveja recelosa;

Dime pues una cosa:

¿Sin duda que será para enjuagarte, Limpiar bien el garguero,

Abrir el apetito,

Y tragarme después como a un pollito? Anda, que te conozco, marrullero.» Así dijo, y se fue; si no, la mata.

¡Cuánto importa saber con quién se trata!

FÁBULA X

El hombre y la pulga

«Oye, Júpiter sumo, mis querellas, Y haz, disparando rayos y centellas, Que muera este animal vil y tirano,

Plaga fatal para el linaje humano; Y si vos no lo hacéis, Hércules sea Quien acabe con él y su ralea.»

Este es un Hombre que a los dioses clama, Porque una Pulga le picó en la cama;

Y es justo, ya que el pobre se fatiga, Que de Júpiter y Hércules consiga,

De éste, que viva despulgando sayos; De aquél, matando pulgas con sus rayos.

Tenemos en el cielo los mortales Recurso en las desdichas y en los males, Mas se suele abusar frecuentemente

Por lograr un antojo impertinente.

FÁBULA XI

El cuervo y la serpiente

Pilló el Cuervo dormida a la Serpiente, Y al quererse cebar en ella hambriento, Le mordió venenosa. Sepa el cuento

Quien sigue a su apetito incautamente.

FÁBULA XII

El asno y las ranas

Muy cargado de leña un burro viejo, Triste armazón de huesos y pellejo, Pensativo, según lo cabizbajo, Caminaba llevando con trabajo

Su débil fuerza la pesada carga. El paso tardo, la carrera larga,

Todo, al fin, contra el mísero se empeña, El camino, los años y la leña.

Entra en una laguna el desdichado, Queda profundamente empantanado.

Viéndose de aquel modo Cubierto de agua y lodo,

Trocando lo sufrido en impaciente, Contra el destino dijo neciamente Expresiones ajenas de sus canas; Mas las vecinas Ranas,

Al oír sus lamentos y quejidos, Las unas se tapaban los oídos,

Las otras, que prudentes le escuchaban, Reprendíanle así y aconsejaban:

«Aprenda el mal jumento A tener sufrimiento;

Que entre las que habitamos la laguna Ha de encontrar lección muy oportuna. Por Júpiter estamos condenadas

A vivir sin remedio encenagadas En agua detenida, lodo espeso, Y a más de todo eso,

Aquí perpetuamente nos encierra, Sin esperanza de correr la tierra, Cruzar el anchuroso mar profundo,

Ni aun saber lo que pasa por el mundo. Mas llevamos a bien nuestro destino;

Y así nos premia Júpiter divino, Repartiendo entre todas cada día La salud, el sustento y alegría.»

Es de suma importancia

Tener en los trabajos tolerancia;

Pues la impaciencia en la contraria suerte Es un mal más amargo que la muerte.

FÁBULA XIII

El asno y el perro

Un Perro y un Borrico caminaban, Sirviendo a un mismo dueño; Rendido éste del sueño,

Se tendió sobre el prado que pasaban. El Borrico entretanto aprovechado

Descansa y pace; mas el Perro, hambriento,

«Bájate, le decía, buen jumento; Pillaré de la alforja algún bocado.»

El Asno se le aparta como en chanza; El Perro sigue al lado del Borrico, Levantando las manos y el hocico, Como perro de ciego cuando danza.

«No seas bobo, el Asno le decía; Espera a que nuestro amo se despierte, Y será de esta suerte

El hambre más, mejor la compañía.»

Desde el bosque entre tanto sale un lobo: Pide el Asno favor al compañero;

En lugar de ladrar, el marrullero Con fisga respondió: «No seas bobo;

Espera a que nuestro amo se despierte; Que pues me aconsejaste la paciencia, Yo la sabré tener en mi conciencia,

Al ver al lobo que te da la muerte.»

El Pollino murió, no hay que dudarlo; Mas si resucitara

Corriendo el mundo a todos predicara: Prestad auxilio si queréis hallarlo.

FÁBULA XIV

El león y el asno cazando

Su majestad leonesa en compañía De un Borrico se sale a montería. En la parte al intento acomodada,

Formando el mismo León una enramada, Mandó al Asno que en ella se ocultase Y que de tiempo en tiempo rebuznase, Como trompa de caza en el ojeo.

Logró el Rey su deseo,

Pues apenas se vio bien apostado, Cuando al son del rebuzno destemplado, Que los montes y valles repetían,

A su selvoso albergue se volvían Precipitadamente

Las fieras enemigas juntamente, Y en su cobarde huida,

En las garras del León pierden la vida. Cuando el Asno se halló con los despojos De devoradas fieras a sus ojos,

Dijo: «Pardiez, si llego más temprano, A ningún muerto dejo hueso sano.»

A tal fanfarronada

Soltó el Rey una grande carcajada; Y es que jamás convino

Hacer del andaluz al vizcaíno.

FÁBULA XV

El charlatán y el rústico

«Lo que jamás se ha visto ni se ha oído Verán ustedes. atención les pido.»

Así decía un Charlatán famoso, Cercado de un concurso numeroso. En efecto, quedando todo el mundo En silencio profundo,

Remedó a un cochinillo de tal modo, Que el auditorio todo,

Creyendo que lo tiene y que lo tapa, Atumultuado grita: «Fuera capa.» Descubrióse, y al ver que nada había, Con víctores lo aclaman a porfía.

«Pardiez, dijo un patán, que yo prometo Para mañana, hablando con respeto, Hacer el puerco más perfectamente;

Si no, que me la claven en la frente.» Con risa prometió la concurrencia

A burlarse del payo su asistencia; Llegó la hora, todos acudieron:

No bien al Charlatán gruñir oyeron, Gentes a su favor preocupadas,

«Viva», dicen, al son de las palmadas. Sube después el Rústico al tablado Con un bulto en la capa, y embozado Imita al Charlatán en la postura

De fingir que un lechón tapar procura; Mas estaba la gracia en que era el bulto Un marranillo que tenía oculto.

Tírale callandito de la oreja: Gruñendo en tiple el animal se queja;

Pero al creer que es remedo el tal gruñido, Aquí se oía un fuera, allí un silbido,

Y todo el mundo queda

En que es el otro quien mejor remeda. El Rústico descubre su marrano;

Al público le enseña, y dice ufano:

«¿Así juzgan ustedes?»

¡Oh preocupación, y cuánto puedes!

LIBRO CUARTO

FÁBULA PRIMERA

La mona corrida

El autor a sus versos Fieras, aves y peces

Corren, vuelan y nadan,

Porque Júpiter sumo

A general congreso a todos llama. Con sus hijos se acercan,

Y es que un premio señala Para aquel cuya prole

En hermosura lleve la ventaja. El alto regio trono

La multitud cercaba, Cuando en la concurrencia

Se sentía decir: la Mona falta.

«Ya llega», dijo entonces Una habladora urraca, Que, como centinela,

En la alta punta de un ciprés estaba. Entra rompiendo filas,

Con su cachorro ufana, Y ante el excelso trono

El premio pide de hermosura tanta. El dios Júpiter quiso,

Al ver tan fea traza, Disimular la risa,

Pero se le soltó la carcajada. Armóse en el concurso

Tal burla y algazara, Que corrida la Mona,

A Tetuán se volvió desengañada.

¿Es creíble, señores, Que yo mismo pensara En consagrar a Apolo

Mis versos, como dignos de su gracia? Cuando, por mi fortuna,

Me encontré esta mañana, Continuando mi obrilla,

Este cuento moral, esta patraña, Yo dije a mi capote:

¡Con qué chiste, qué gracia Y qué vivos colores

El jorobado Esopo me retrata! Mas ya mis producciones

Miro con desconfianza, Porque aprendo en la Mona

Cuánto el ciego amor propio nos engaña.

FÁBULA II

El asno y Júpiter

«No sé cómo hay jumento

Que, teniendo un adarme de talento, Quiera meterse a burro de hortelano. Llevo a la plaza desde muy temprano Cada día cien cargas de verdura, Vuelvo con otras tantas de basura,

Y para minorar mi pesadumbre,

Un criado me azota por costumbre.

Mi vida es ésta; ¿qué será mi muerte, Como no mude Júpiter mi suerte?»

Un Asno de este modo se quejaba.

El dios, que sus lamentos escuchaba, Al dominio le entrega de un tejero.

«Esta vida, decía, no la quiero: Del peso de las tejas oprimido, Bien azotado, pero mal comido,

A Júpiter me voy con el empeño De lograr nuevo dueño.»

Envióle a un curtidor; entonces dice:

«Aun con este amo soy más infelice. Cargado de pellejos de difunto

Me hace correr sin sosegar un punto, Para matarme sin llegar a viejo,

Y curtir al instante mi pellejo.» Júpiter, por no oír tan largas quejas, Se tapó lindamente las orejas,

Y a nadie escucha, desde el tal pollino, Si le hablan de mudanza de destino.

Sólo en verso se encuentran los dichosos, Que viven ni envidiados ni envidiosos.

La espada por feliz tiene al arado, Como el remo a la pluma y al cayado; Mas se tiene por míseros en suma Remo, espada, cayado, esteva y pluma.

Pues ¿a qué estado el hombre llama bueno? Al propio nunca; pero sí al ajeno.

FÁBULA III

El cazador y la perdiz

Una Perdiz en celo reclamada Vino a ser en la red aprisionada. Al Cazador la mísera decía:

«Si me das libertad, en este día

Te he de proporcionar un gran consuelo. Por ese campo extenderé mi vuelo; Juntaré a mis amigas en bandadas,

Que guiaré a tus redes, engañadas, Y tendrás, sin costarte dos ochavos, Doce perdices como doce pavos.»

«¡Engañar y vender a tus amigas!

¿Y así crees que me obligas? Respondió el Cazador; pues no, señora; Muere, y paga la pena de traidora.»

La Perdiz fue bien muerta; no es dudable. La traición, aun soñada, es detestable.

FÁBULA IV

El viejo y la muerte

Entre montes, por áspero camino,

Tropezando con una y otra peña, Iba un Vejo cargado con su leña, maldiciendo su mísero destino.

Al fin cayó, y viéndose de suerte Que apenas levantarse ya podía, Llamaba con colérica porfía

Una, dos y tres veces a la Muerte. Armada de guadaña, en esqueleto,

La Parca se le ofrece en aquel punto; Pero el Viejo, temiendo ser difunto, Lleno más de terror que de respeto,

Trémulo la decía y balbuciente:

«Yo ... señora... os llamé desesperado; Pero... «Acaba; ¿qué quieres, desdichado?»

«Que me cargues la leña solamente.»

Tenga paciencia quien se cree infelice; Que aun en la situación más lamentable Es la vida del hombre siempre amable:

El Viejo de la leña nos lo dice.

FÁBULA V

El enfermo y el médico

Un miserable Enfermo se moría, Y el Médico importuno le decía:

«Usted se muere; yo se lo confieso; Pero por la alta ciencia que profeso, Conozco, y le aseguro firmemente,

Que ya estuviera sano,

Si se hubiese acudido más temprano Con el benigno clister detergente.»

El triste Enfermo, que lo estaba oyendo, Volvió la espalda al Médico, diciendo:

«Señor Galeno, su consejo alabo. Al asno muerto la cebada al rabo.»

Todo varón prudente

Aconseja en el tiempo conveniente; Que es hacer de la ciencia vano alarde Dar el consejo cuando llega tarde.

FÁBULA VI

La zorra y las uvas

Es voz común que a más del mediodía, En ayunas la Zorra iba cazando;

Halla una parra, quédase mirando De la alta vid el fruto que pendía.

Cansábala mil ansias y congojas

No alcanzar a las uvas con la garra, Al mostrar a sus dientes la alta parra Negros racimos entre verdes hojas.

Miró, saltó y anduvo en probaduras, Pero vio el imposible ya de fijo.

Entonces fue cuando la Zorra dijo:

«No las quiero comer. No están maduras.»

No por eso te muestres impaciente,

Si te se frustra, Fabio, algún intento: Aplica bien el cuento,

Y di: No están maduras, frescamente.

<u>FÁBULA VII</u>

La cierva y la viña

Huyendo de enemigos cazadores Una Cierva ligera;

Siente ya fatigada en la carrera Más cercanos los perros y ojeadores.

No viendo la infeliz algún seguro Y vecino paraje

De gruta o de ramaje,

Crece su timidez, crece su apuro.

Al fin, sacando fuerzas de flaqueza, Continúa la fuga presurosa;

Halla al paso una Viña muy frondosa, Y en lo espeso se oculta con presteza.

Cambia el susto y pesar en alegría,

Viéndose a paz y a salvo en tan buen hora. Olvida el bien, y de su defensora

Los frescos verdes pámpanos comía. Mas ¡ay! que de esta suerte,

Quitando ella las hojas de delante, Abrió puerta a la flecha penetrante, Y el listo Cazador la dio la muerte.

Castigó con la pena merecida

El justo cielo a la cierva ingrata. Mas ¿qué puede esperar el que maltrata Al mismo que le está dando la vida?

FÁBULA VIII

El asno cargado de reliquias

De reliquias cargado,

Un Asno recibía adoraciones,

Como si a él se hubiesen consagrado Reverencias, inciensos y oraciones. En lo vano, lo grave y lo severo

Que se manifestaba,

Hubo quien conoció que se engañaba, Y le dijo: «Yo infiero

De vuestra vanidad vuestra locura; El reverente culto que procura Tributar cada cual este momento,

No es dirigido a vos, señor Jumento, Que sólo va en honor, aunque lo sientas, De la sagrada carga que sustentas.»

Cuando un hombre sin mérito estuviere En elevado empleo o gran riqueza,

Y se ensoberbeciere

Porque todos le bajan la cabeza, Para que su locura no prosiga

Tema encontrar tal vez con quien le diga:

«Señor jumento no se engría tanto;

Que si besan la peana es por el santo.»

FÁBULA IX

Los dos machos

Dos Machos caminaban: el primero, Cargado de dinero,

Mostrando su penacho envanecido, Iba marchando erguido

Al son de los redondos cascabeles. El segundo, desnudo de oropeles, Con un pobre aparejo solamente, Alargando el pescuezo eternamente, Seguía de reata su jornada, Cargado de costales de cebada.

Salen unos ladrones, y al instante Asieron de la rienda al arrogante; Él se defiende, ellos le maltratan,

Y después que el dinero le arrebatan, Huyen, y dice entonces el segundo:

«Si a estos riesgos exponen en el mundo Las riquezas, no quiero, a fe de Macho, Dinero, cascabeles ni penacho.»

FÁBULA X

El cazador y el perro

Mustafá, perro viejo,

Lebrel en montería ejercitado, Y de antiguas heridas señalado

A colmillo y a cuerno su pellejo, Seguía a un jabalí sin esperanza

De poderle alcanzar; pero, no obstante, Aguzándole su amo a cada instante,

A duras penas Mustafá le alcanza. El cerdoso valiente

No escuchaba recados a la oreja; Y así, su resistencia no le deja Cebar al Perro su cansado diente;

Con airado colmillo le rechaza, Y bufando se marcha victorioso. El cazador, furioso,

Reniega del Lebrel y de su raza.

«Viejo estoy, le responde, ya lo veo; Mas di: ¿sin Mustafá cuándo tuvieras Las pieles y cabezas de las fieras

En tu casa, de abrigo y de trofeo?

Miras a lo que soy, no a lo que he sido.

¡Oh suerte desgraciada!

Presente tienes mi vejez cansada, Y mis robustos años en olvido.

Mas ¿para qué me mato,

Si no he de conseguir cosa ninguna? Es ladrar a la luna

El alegar servicios al ingrato»

FÁBULA XI

La tortuga y el águila

Una Tortuga a una Águila rogaba

La enseñase a volar; así la hablaba:

«Con sólo que me des cuatro lecciones, Ligera volaré por las regiones;

Ya remontando el vuelo

Por medio de los aires hasta el cielo, Veré cercano al sol y las estrellas, Y otras cien cosas bellas;

Ya rápida bajando,

De ciudad en ciudad iré pasando; Y de este fácil, delicioso modo, Lograré en pocos días verlo todo.» La Águila se rió del desatino;

La aconseja que siga su destinó, Cazando torpemente con paciencia, Pues lo dispuso así la Providencia. Ella insiste en su antojo ciegamente. La reina de las aves prontamente

La arrebata, la lleva por las nubes.

«Mira, la dice, mira cómo subes.»

Y al preguntarla, digo, «¿vas contenta?» Se la deja caer y se revienta.

Para que así escarmiente

Quien desprecia el consejo del prudente.

FÁBULA XII

El león y el ratón

Estaba un Ratoncillo aprisionado

En las garras de un León; el desdichado En la tal ratonera no fue preso

Por ladrón de tocino ni de queso, Sino porque con otros molestaba

Al León, que en su retiro descansaba. Pide perdón, llorando su insolencia; Al oír implorar la real clemencia, Responde el Rey en majestuoso tono, No dijera más Tito: «Te perdono.» Poco después cazando el León tropieza En una red oculta en la maleza; Quiere salir, mas queda prisionero, Atronando la selva ruge fiero.

El libre ratoncillo, que lo siente, Corriendo llega, roe diligente

Los nudos de la red de tal manera,

Que al fin rompió los grillos de la fiera.

Conviene al poderoso

Para los infelices ser piadoso; Tal vez se puede ver necesitado

Del auxilio de aquel más desdichado.

FÁBULA XIII

Las liebres y las ranas

Asustadas las fiebres de un estruendo, Echaron a correr todas, diciendo:

«A quien la vida cuesta tanto susto, La muerte causará menos disgusto» Llegan a una laguna de esta suerte A dar en lo profundo con la muerte. Al ver a tanta Rana que, asustada, A las aguas se arroja a su llegada,

«Hola, dijo una liebre, ¿conque, hay otras Tan tímidas, que aún tiemblan de nosotras? Pues suframos con ellas el destino.» Conocieron sin más su desatino.

Así la suerte adversa es tolerable Comparada con otra miserable.

FÁBULA XIV

El gallo y el zorro

Un Gallo muy maduro,

De edad provecta, duros espolones, Pacífico y seguro,

Sobre un árbol oía las razones

De un Zorro muy cortés y muy atento, Más elocuente cuanto más hambriento.

«Hermano, le decía,

Ya cesó entre nosotros una guerra, Que cruel repartía

Sangre y plumas al viento y a la tierra; Baja; daré, para perpetuo sello,

Mis amorosos brazos a tu cuello».

«Amigo de mi alma,

Responde el Gallo, ¡qué placer inmenso, En deliciosa calma,

Deja esta vez mi espíritu suspenso! Allá bajo, allá voy tierno y ansioso A gozar en tu seno mi reposo.

Pero aguarda un instante,

Porque vienen, ligeros como el viento Y ya están adelante,

Dos correos que llegan al momento, De esta noticia portadores fieles,

Y son, según la traza, dos lebreles.»

«Adiós, adiós, amigo,

Dijo el Zorro, que estoy muy ocupado; Luego hablaré contigo

Para finalizar este tratado.»

El Gallo se quedó lleno de gloria, Cantando en esta letra su victoria:

Siempre trabaja en su daño El astuto engañador;

A un engaño hay otro engaño A un pícaro otro mayor.

FÁBULA XV

El león y la cabra

Un señor León andaba, como un perro, Del valle al monte, de la selva al cerro, A caza, sin hallar pelo ni lana, Perdiendo la paciencia y la mañana.

Por un risco escarpado

Ve trepar una Cabra a lo encumbrado, De modo que parece que se empeña

En hacer creer al León que se despeña. El pretender seguirla fuera en vano; El cazador entonces cortesano

La dice: «Baja, baja, mi querida; No busques precipicios a tu vida: En el valle frondoso

Pacerás a mi lado con reposó.»

«¿Desde cuándo, señor, la real persona Cuida con tanto amor de la barbona?

Esos halagos tiernos

No son por bien, apostaré los cuernos.» Así le respondió la astuta Cabra,

Y el León se fue sin replicar palabra. Lo paga la infeliz con el pellejo,

Si toma sin examen el consejo.

FÁBULA XVI

La hacha y el mango

Un hombre que en el bosque se miraba Con una Hacha sin Mango, suplicaba

A los árboles diesen la madera Que más sólida fuera

Para hacerle uno fuerte y muy durable. Al punto la arboleda innumerable

Le cedió el acebuche; y él, contento, Perfeccionando luego su instrumento,

De rama en rama va cortando a gusto Del alto roble el brazo más robusto. Ya los árboles todos recorría,

Y mientras los mejores elegía,

Dijo la triste encina al fresno: «Amigo: Infeliz del que ayuda a su enemigo»

FÁBULA XVII

La onza y los pastores

En una trampa una Onza inadvertida Dio mísera caída.

Al verla sin defensa, Corrieron a la ofensa Los vecinos Pastores,

No valerosos, pero sí traidores. Cada cual por su lado

La maltrataba airado,

Hasta dejar sus fuerzas desmayadas, Unos a palos, otros a pedradas.

Al fin la abandonaron por perdida;

Pero viéndola dar muestras de vida, Cierto Pastor, dolido de su suerte, Por evitar su muerte,

La arrojó la mitad de su alimento, Con que pudiese recobrar aliento. Llega la noche, témplase la saña; Marchan a descansar a la cabaña Todos, con esperanza muy fundada

De hallarla muerta por la madrugada; Mas la fiera entre tanto,

Volviendo poco a poco del quebranto, Toma nuevo valor y fuerza nueva; Salta, deja la trampa, va a su cueva, Y al sentirse del todo reforzada, Sale si muy ligera, más airada.

Ya destruye ganados,

Ya deja los Pastores destrozados; Nada aplaca su cólera violenta,

Todo lo tala, en todo se ensangrienta. El buen Pastor, por quien tal vez vivía, Lleno de horror, la vida le pedía.

«No serás maltratado,

Dijo la Onza, vive descuidado;

Que yo sólo persigo a los traidores

Que me ofendieron, no a mis bienhechores.»

Quien hace agravios tema la venganza; Quien hace bien, al fin el premio alcanza.

FÁBULA XVIII

El grajo vano

Con las plumas de un pavo

Un Grajo se vistió; pomposo y bravo En medio de los pavos se pasea;

La manada lo advierte, lo rodea: Todos le pican, burlan y lo envían,

¿Dónde, si ni los grajos le querían?

¿Cuánto ha que repetimos este cuento,

Sin que haya en los plagiarios escarmiento?

FÁBULA XIX

El hombre y la comadreja

Así decía cierta Comadreja

A un Hombre que la había aprisionado:

«¿Por qué no me dejáis? ¿Os he yo dado Motivo de disgusto ni de queja?

¿No soy la que desvanes y rincones, Tu casa toda, cual si fuese mía, Cuidadosa registro noche y día, Para que vivas libre de ratones?»

«¡Gran fineza por cierto!

El Hombre respondió. Pues di, ladrona, Si tu glotonería no perdona

Ni a ratón vivo ni a cochino muerto, Ni a cuanto guardan ruines despenseras,

¿Cómo he de creer que tu cuidado apura Por mi bien los ratones? ¡Qué locura! No tendría yo malas tragaderas.

Morirás; y el astuto que pretenda Vender como fineza lo que ha hecho Sin mirar a más fin que a su provecho,

Sabrá que hay en el mundo quien lo entienda.»

FÁBULA XX

Batalla de las comadrejas y de los ratones

Vencidos los ratones, Huían con presteza

De una atroz enemiga Tropa de Comadrejas; Marchaban con desorden,

Que cuando el miedo reina, Es la confusión sola

El jefe que gobierna. Llegaron presurosos

A sus angostas cuevas, Logrando los soldados Entrar a duras penas; Pero los capitanes,

Que en las estrechas puertas Quedaron atascados

Sin ninguna defensa,

A causa de unos cuernos Puestos en las cabezas, Para ser de sus tropas vistos en la refriega, Fueron las desdichadas Víctimas de la guerra, Haciendo de sus cuerpos Pasto las Comadrejas.

¡Cuántas veces los hombres Distinciones anhelan,

Y suelen ser la causa De sus desdichas ellas! Si Júpiter dispara

Sus rayos a la tierra Antes que a las cabañas

A los palacios y a las torres llegan.

<u>FÁBULA XXI</u>

El león y la rana

Una lóbrega noche silenciosa Iba un León horroroso

Con mesurado paso majestuoso

Por una selva; oyó una voz ruidosa, Que con tono molesto y continuado Llamaba la atención y aun el cuidado Del reinante animal, que no sabía

De qué bestia feroz quizá saldría Aquella voz, que tanto más sonaba

Cuanto más en silencio todo estaba. Su majestad leonesa

La selva toda registrar procura;

Mas nada encuentra con la noche oscura, Hasta que pudo ver, ¡oh qué sorpresa!

Que sale de un estanque a la mañana La tal bestia feroz, y era una Rana.

Llamará la atención de mucha gente El charlatán con su manía loca;

Mas ¿qué logra, si al fin verá el prudente Que no es sino una Rana, todo boca?

FÁBULA XXII

El ciervo y los bueyes

Con inminente riesgo de la vida un ciervo se escapó de una batida, Y en la quinta cercana de repente

Se metió en el establo incautamente. Dícele un buey: «¿Ignoras, desdichado, Que aquí viven los hombres? ¡Ah cuitado! Detente, y hallarás tanto reposo

Como perdiz en boca de raposo.»

El Ciervo respondió: «Pero, no obstante, Dejadme descansar algún instante,

Y en la ocasión primera

Al bosque espeso emprendo mi carrera.» Oculto en el ramaje permanece;

A la noche el boyero se aparece, Al ganado reparte su alimento, Nada divisa, sálese al momento. El mayoral y los criados entran, Y tampoco le encuentran.

Libre de aquel apuro

El ciervo se contaba por seguro; Pero el Buey, más anciano,

Le dice: «¿Qué? ¿Te alegras tan temprano? Si el amo llega, lo perdiste todo;

Yo le llamo cien-ojos por apodo: Mas chitón, que ya viene.»

Entra Cien-ojos; todo lo previene;

A los rústicos dice: «No hay consuelo; Las colleras tiradas por el suelo, Limpio el pesebre, pero muy de paso; El ramaje muy seco y más escaso.

Señor mayoral, ¿es éste buen gobierno?» En esto mira al enramado cuerno

Del triste Ciervo; grita, acuden todos Contra el pobre animal de varios modos, Y a la rústica usanza

Se celebró la fiesta de matanza.

Esto quiere decir que el amo bueno No se debe fiar del ojo ajeno.

FÁBULA XXIII

Los navegantes

Lloraban unos tristes Pasajeros Vendo su pobre nave combatida

De recias olas y de vientos fieros, Ya casi sumergida;

Cuando súbitamente

El viento calma, el cielo se serena, Y la afligida gente

Convierte en risa la pasada pena; Mas el piloto estuvo muy sereno

Tanto en la tempestad como en bonanza, Pues sabe que lo malo y que lo bueno Está sujeto a súbita mudanza.

FÁBULA XXIV

El torrente y el río

Despeñado un Torrente De un encumbrado cerro Caía en una peña,

Y atronaba el recinto con su estruendo. Seguido de ladrones

Un triste pasajero, Despreciando el ruido,

Atravesó el raudal sin desaliento; Que es común en los hombres Poseídos del miedo,

Para salvar la vida,

Exponerla tal vez a mayor riesgo. Llegaron los bandidos, Practicaron lo mesmo

Que antes el caminante,

Y fueron en su alcance y seguimiento. Encontró el miserable

De allí a muy poco trecho Un Río caudaloso,

Que corría apacible y con silencio. Con tan buenas señales,

Y el próspero suceso Del raudal bullicioso,

Determinó vadearle sin recelo; Mas apenas dio un paso

Pagó su desacuerdo, Quedando sepultado

En las aleves aguas sin remedio.

Temamos los peligros De designios secretos; Que el ruidoso aparato

Si no se desvanece, anuncia el riesgo.

FÁBULA XXV

El león, el lobo y la zorra

Trémulo y achacoso

A fuerza de años un León estaba; Hizo venir los médicos, ansioso

De ver si alguno de ellos le curaba.

De todas las especies y regiones Profesores llegaban a millones. Todos conocen incurable el daño; Ninguno al Rey propone el desengaño; Cada cual sus remedios le procura, Como si la vejez tuviese cura.

Un Lobo cortesano

Con tono adulador y fin torcido Dijo a su Soberano:

«He notado, Señor, que no ha asistido La Zorra como médico al congreso,

Y pudiera esperarse buen suceso

De su dictamen en tan grave asunto.» Quiso su Majestad que luego al punto Por la posta viniese;

Llega, sube a palacio, y como viese Al Lobo, su enemigo, ya instruida De que él era autor de su venida, Que ella excusaba cautelosamente, Inclinándose al Rey profundamente,

Dijo: «Quizá, Señor, no habrá faltado Quien haya mi tardanza acriminado; Mas será porque ignora

Que vengo de cumplir un voto ahora, Que por vuestra salud tenía hecho; Y para más provecho,

En mi viaje traté gentes de ciencia Sobre vuestra dolencia.

Convienen pues los grandes profesores En que no tenéis vicio en los humores, Y que sólo los años han dejado

El calor natural algo apagado; Pero éste se recobra y vivifica

Sin fastidio, sin drogas de botica, Con un remedio simple, liso y llano, Que vuestra majestad tiene en la mano. A un Lobo vivo arránquenle el pellejo,

Y mandad que os le apliquen al instante,

Y por más que estéis débil, flaco y viejo, Os sentiréis robusto y rozagante,

Con apetito tal, que sin esfuerzo

El mismo Lobo os servirá de almuerzo.»

Convino el Rey, y entre el furor y el hierro Murió el infeliz Lobo como un perro.

Así viven y mueren cada día

En su guerra interior los palaciegos Que con la emulación rabiosa ciegos Al degüello se tiran a porfía.

Tomen esta lección muy oportuna: Lleguen a la privanza enhorabuena, Mas labren su fortuna

Sin cimentarla en la desgracia ajena.

LIBRO QUINTO

FÁBULA PRIMERA

Los ratones y el gato

Marramaquiz, gran gato,

De nariz roma, pero largo olfato, Se metió en una casa de Ratones. En uno de sus lóbregos rincones Puso su alojamiento;

Por delante de sí, de ciento en ciento Les dejaba por gusto libre el paso, Como hace el bebedor, que mira al vaso; Y ensanchando así más sus tragaderas, Al fin los escogía como peras.

Éste fue su ejercicio cotidiano; Pero tarde o temprano,

Al fin ya los Ratones conocían Que por instantes se disminuían.

Don Roepan, cacique el más prudente De la Ratona gente,

Con los suyos formó pleno consejo, Y dijo así con natural despejo:

«Supuesto, hermanos, que el sangriento bruto, Que metidos nos tiene en llanto y luto, Habita el cuarto bajo,

Sin que pueda subir ni aun con trabajo Hasta nuestra vivienda,, es evidente Que se atajará el daño solamente

Con no bajar allá de modo alguno.» El medio pareció muy oportuno;

Y fue tan observado,

Que ya Marramaquiz, el muy taimado, Metido por el hambre en calzas prietas, Discurrió entre mil tretas

La de colgarse por los pies de un palo, Haciendo el muerto: no era ardid malo; Pero don Roepan, luego que advierte

Que su enemigo estaba de tal suerte, Asomando el hocico a su agujero,

«Hola, dice, ¿qué es eso, caballero?

¿Estás muerto de burlas o de veras?

Si es lo que yo recelo en vano esperas; Pues no nos contaremos ya seguros

Aun sabiendo de cierto

Que eras, a más de Gato muerto, Gato relleno ya de pesos duros».

Si alguno llega con astuta maña, Y una vez nos engaña,

Es cosa muy sabida

Que puede algunas veces

El huir de sus trazas y dobleces Valernos nada menos que la vida.

FÁBULA II

El asno y el lobo

Un Burro cojo vio que le seguía Un Lobo cazador, y no pudiendo Huir de su enemigo, le decía:

«Amigo Lobo, yo me estoy muriendo; Me acaban por instantes los dolores De este maldito pie de que cojeo; Si yo no me valiese de herradores, No me vería así como me veo.

Y pues fallezco, sé caritativo; Sácame con los dientes este clavo, Muera yo sin dolor tan excesivo, Y cómeme después de cabo a rabo.»

«¡Oh! dijo el cazador con ironía, Contando con la presa ya en la mano, No solamente sé la anatomía,

Sino que soy perfecto cirujano. El caso es para mí una patarata,

La operación no más que de un momento; Alargue bien la pata,

Y no se me acobarde, buen Jumento.» Con su estuche molar desenvainado

El nuevo profesor llega al doliente; Mas éste le dispara de contado

Una coz que le deja sin un diente. Escapa el cojo, pero el triste herido

Llorando se quedó su desventura.

«¡Ay infeliz de mí! bien merecido El pago tengo de mi gran locura.

Yo siempre me llevé el mejor bocado En mi oficio de Lobo carnicero;

Pues si puedo vivir tan regalado, éA qué meterme ahora a curandero?»

Hablemos en razón: no tiene juicio Quien deja el propio por ajeno oficio.

FÁBULA III

El asno y el caballo

Iban, mas no sé adonde ciertamente, Un Caballo y un Asno juntamente; Este cargado, pero aquel sin carga. El grave peso, la carrera larga Causaron al Borrico tal fatiga,

Que la necesidad misma le obliga A dar en tierra. «Amigo compañero, No puedo más, decía; yo me muero. Repartamos la carga, y será poca;

Si no, se me va el alma por la boca.» Dice el otro: «Revienta enhorabuena:

¿Por eso he de sufrir la carga ajena? Gran bestia seré yo si tal hiciere.

Miren y qué borrico se me muere.» Tan justamente se quejó el Jumento, Que expiró el infeliz en el momento. El Caballo conoce su pecado,

Pues tuvo que llevar mal de su grado Los fardos y aparejos todo junto, Ítem más el pellejo del difunto.

Juan, alivia en sus penas al vecino; Y él, cuando tú las tengas, déte ayuda; Si no lo hacéis así, temed sin duda

Que seréis el Caballo y el Pollino.

FÁBULA IV

El labrador y la providencia

Un labrador cansado, En el ardiente estío, Debajo de una encina

Reposaba pacífico y tranquilo. Desde su dulce estancia Miraba agradecido

El bien con que la tierra Premiaba sus penosos ejercicios. Entre mil producciones,

Hijas de su cultivo, Veía calabazas,

Melones por los suelos esparcidos.

«¿Por qué la Providencia, Decía entre sí mismo, Puso a la ruin bellota

En elevado preeminente sitio?

¿Cuánto mejor sería

Que, trocando el destino, Pendiesen de las ramas Calabazas, melones y pepinos?» Bien oportunamente,

Al tiempo que esto dijo, Cayendo una bellota,

Le pegó en las narices de improviso.

«Pardiez, prorrumpió entonces El Labrador sencillo,

Si lo que fue bellota,

Algún gordo melón hubiera sido, Desde luego pudiera

Tomar a buen partido En caso semejante

Quedar desnarigado, pero vivo.»

Aquí la Providencia Manifestarle quiso Que supo a cada cosa

Señalar sabiamente su destino. A mayor bien del hombre

Todo está repartido:

Preso el pez en su concha,

Y libre por el aire el pajarillo.

FÁBULA V

El asno vestido de leon

Un Asno disfrazado

Con una grande piel de León andaba; Por su temible aspecto casi estaba

Desierto el bosque, solitario el prado. Pero quiso el destino

Que le llegase a ver desde el molino La punta de una oreja el molinero.

Armado entonces de un garrote fiero, Dale de palos, llévalo a su casa.

Divúlgase al contorno lo que pasa; Llegan todos a ver en el instante Al que habían temido León reinante; Y haciendo mofa de su idea necia,

Quien más le respetó, más le desprecia.

Desde que oí del Asno contar esto Dos ochavos apuesto,

Si es que Pedro Fernández no se deja De andar con el disfraz del caballero, A vueltas del vestido y el sombrero, Que le han de ver la punta de la oreja.

FÁBULA VI

La gallina de los huevos de oro

Érase una Gallina que ponía

Un huevo de oro al dueño cada día. Aun con tanta ganancia mal contento, Quiso el rico avariento

Descubrir de una vez la mina de oro, Y hallar en menos tiempo más tesoro. Matóla, abrióla el vientre de contado; Pero, después de haberla registrado,

¿Qué sucedió? que muerta la Gallina, Perdió su huevo de oro y no halló mina.

¡Cuántos hay que teniendo lo bastante Enriquecerse quieren al instante, Abrazando proyectos

A veces de tan rápidos efectos Que sólo en pocos meses,

Cuando se contemplaban ya marqueses, Contando sus millones

Se vieron en la calle sin calzones.

FÁBULA VII

Los cangrejOS

Los más autorizados, los más viejos De todos los Cangrejos

Una gran asamblea celebraron.

Entre los graves puntos que trataron, A propuesta de un docto presidente, Como resolución la más urgente

Tomaron la que sigue: «Pues que al mundo Estamos dando ejemplo sin segundo,

El más vil y grosero

En andar hacia atrás como el soguero; Siendo cierto también que los ancianos, Duros de pies y manos,

Causándonos los años pesadumbre,

No podemos vencer nuestra costumbre; Toda madre desde este mismo instante Ha de enseñar andar hacia delante

A sus hijos; y dure la enseñanza Hasta quitar del mundo tal usanza.»

«Garras a la obra», dicen las maestras, Que se creían diestras;

Y sin dejar ninguno,

Ordenan a sus hijos uno a uno

Que muevan sus patitas blandamente

Hacia adelante sucesivamente. Pasito a paso, al modo que podían, Ellos obedecían;

Pero al ver a sus madres que marchaban Al revés de lo que ellas enseñaban, Olvidando los nuevos documentos, Imitaban sus pasos, más contentos.

Repetían sus madres sus lecciones, Mas no bastaban teóricas razones; Porque obraba en los jóvenes Cangrejos Sólo un ejemplo más que mil consejos. Cada maestra se aflige y desconsuela, No pudiendo hacer práctica su escuela; De modo que en efecto

Abandonaron todas el proyecto. Los magistrados saben el suceso, Y en su pleno congreso

La nueva ley al punto derogaron, Porque se aseguraron

De que en vano intentaban la reforma, Cuando ellos no sabían ser la norma.

Y es así, que la fuerza de las leyes Suele ser el ejemplo de los reyes.

FÁBULA VIII

Las rallas sedientas

Dos Ranas que vivían juntamente, En un verano ardiente

Se quedaron en seco en su laguna. Saltando aquí y allí, llegó la una A la orilla de un pozo.

Llena entonces de gozo, Gritó a su compañera:

«Ven y salta ligera.»

Llegó, y estando entrambas a la orilla, Notando como grande maravilla,

Entre los agotados juncos y heno, El fresco pozo casi de agua lleno,

Prorrumpió la primera: «¿A qué esperamos, Que no nos arrojamos

Al agua, que apacible nos convida?» La segunda responde: «Inadvertida, Yo tengo igual deseo,

Pero pienso y preveo

Que, aunque es fácil al pozo nuestra entrada, La agua, con los calores exhalada,

Según vaya faltando,

Nos irá dulcemente sepultando,

Y al tiempo que salir solicitemos, En la Estigia laguna nos veremos.»

Por consultar al gusto solamente Entra en la nasa el pez incautamente, El pájaro sencillo en la red queda,

Y ten qué lazos el hombre no se enreda?

FÁBULA IX

El cuervo y el zorro

En la rama de un árbol, Bien ufano y contento, Con un queso en el pico, Estaba el señor Cuervo. Del olor atraído

Un Zorro muy maestro, Le dijo estas palabras, A poco más o menos:

«Tenga usted buenos días, Señor Cuervo, mi dueño; Vaya que estáis donoso, Mono, lindo en extremo; Yo no gasto lisonjas,

Y digo lo que siento; Que si a tu bella traza Corresponde el gorjeo, Juro a la diosa Ceres, Siendo testigo el cielo, Que tú serás el fénix

De sus vastos imperios.» Al oír un discurso

Tan dulce y halagüeño, De vanidad llevado, Quiso cantar el Cuervo. Abrió su negro pico, Dejó caer el queso;

El muy astuto Zorro, Después de haberle preso, Le dijo: «Señor bobo, Pues sin otro alimento, Quedáis con alabanzas

Tan hinchado y repleto, Digerid las lisonjas Mientras yo como el queso.»

Quien oye aduladores, Nunca espere otro premio.

<u>FÁBULA X</u>

Un cojo y un picarón

A un buen Cojo un descortés Insultó atrevidamente;

Oyólo pacientemente, Continuando su carrera, Cuando al son de la cojera Dijo el otro: «Una, dos, tres,

Cojo es.»

Oyólo el Cojo: aquí fue Donde el buen hombre perdió Los estribos, pues le dio Tanta cólera y tal ira,

Que la muleta le tira, Quedándose, ya se ve,

Sobre un pie.

«Sólo el no poder correr, Para darte el escarmiento

Dijo el Cojo, es lo que siento, Que este mal no me atormenta; Porque al hombre sólo afrenta Lo que supo merecer,

Padecer.»

FÁBULA XI

El carretero y Hércules

En un atolladero

El carro se atascó de Juan Regaña; Él a nada se mueve ni se amaña, Pero jura muy bien: gran Carretero.

A Hércules invocó; y el dios le dice:

«Aligera la carga; ceja un tanto; Quita ahora ese canto;

¿Está?» «Sí, le responde, ya lo hice.»

«Pues enarbola el látigo, y con eso Puedes ya caminar.» De esta manera, Arreando a la Mohina y la Roncera, Salió Juan con su carro del suceso.

Si haces lo que estuviere de tu parte Pide al cielo favor: ha de ayudarte.

El carretero y Hércules

FÁBULA XII

La zorra y el chivo

Una Zorra cazaba;

Y al seguir a un gazapo,

Entre aquí se escabulle, allí le atrapo, En un pozo cayó que al paso estaba.

Cuando más la afligía su tristeza,

Por no hallar la infeliz salida alguna, Vio asomarse al brocal, por su fortuna, Del Chivo padre la gentil cabeza.

« ¿Qué tal? Dijo el barbón, ¿el agua es salada?»

«Es tan dulce, tan fresca y deliciosa, Respondió la Raposa,

Que en tal pozo estoy como encantada.» Al agua el Chivo se arrojó, sediento;

Monta sobre él la Zorra de manera

Que haciendo de sus cuernos escalera, Pilla el brocal y sale en el momento. Quedó el pobre atollado: cosa dura.

Mas ¿quién podrá a la Zorra dar castigo, Cuando el hombre, aun a costa de su amigo, Del peligro mayor salir procura?

FÁBULA XIII

El lobo, la zorra y el mono juez

Un Lobo se quejó criminalmente

De que una Zorra astuta lo robase. El Mono juez, como ella lo negase, Dejólos alegar prolijamente

Enterado, pronuncia la sentencia:

«No consta que te falte nada, Lobo; Y tú, Raposa, tú tienes el robo.» Dijo, y los despidió de su presencia.

Esta contradicción es cosa buena; La dijo el docto Mono con malicia. Al perverso su fama le condena

Aun cuando alguna vez pida justicia.

FÁBULA XIV

Los dos gallos

Habiendo a su rival vencido un Gallo, Quedó entre sus gallinas victorioso, Más grave, más pomposo

Que el mismo gran Sultán en su serrallo. Desde un alto pregona vocinglero

Su gran hazaña: el Gavilán lo advierte; Le pilla, le arrebata, y por su muerte, Quedó el rival señor del gallinero.

Consuele al abatido tal mudanza, Sirva también de ejemplo a los mortales Que se juzgan exentos de los males Cuando se ven en próspera bonanza.

FÁBULA XV

La mona y la zorra

En visita una Mona

Con una Zorra estaba cierto día, Y así, ni más ni menos, la decía:

«Por mi fe, que tenéis bella persona, Gallardo talle, cara placentera, Airosa en el andar, como vos sola,

Y a no ser tan disforme vuestra cola, Seríais en lo hermoso la primera.

Escuchad un consejo,

Que ha de ser a las dos muy importante Yo os la he de cortar, y lo restante Me lo acomodaré por zagalejo.»

«Abrenuncio, la Zorra la responde: Es cosa para mí menos amarga

Barrer el suelo con mi cola larga

Que verla por pañal bien sé yo dónde.» Por ingenioso que el necesitado

Sea para pedir al avariento, Este será de superior talento Para negarse a dar de lo sobrado.

FÁBULA XVI

La gata mujer

Zapaquilda la bella Era gata doncella,

Muy recatada, no menos hermosa. Queríala su dueño por esposa, Si Venus consintiese,

Y en mujer a la Gata convirtiese. De agradable manera

Vino en ello la diosa placentera, Y ved a Zapaquilda en un instante Hecha moza gallarda, rozagante.

Celébrase la boda;

Estaba ya la sala nupcial toda De un lucido concurso coronada; La novia relamida, almidonada, Junto al novio, galán enamorado; Todo brillantemente preparado, Cuando quiso la diosa

Que cerca de la esposa

Pasase un ratoncillo de repente. Al punto que le ve, violentamente,

A pesar del concurso y de su amante, Salta, corre tras él y échale el guante.

Aunque del valle humilde a la alta cumbre Inconstante nos mude la fortuna,

La propensión del natural es una

En todo estado, y más con la costumbre.

FÁBULA XVII

La leona y el oso

Dentro de un bosque oscuro y silencioso, Con un rugir continuo y espantoso,

Que en medio de la noche resonaba, Una Leona a las fieras inquietaba. Dícela un Oso: «Escúchame una cosa:

¿Qué tragedia horrorosa O qué sangrienta guerra,

Qué rayos o qué plagas a la tierra Anuncia tu clamor desesperado,

En el nombre de Júpiter airado?»

«¡Ah! mayor causa tienen mis rugidos. Yo, la más infeliz de los nacidos,

¿Cómo no moriré desesperada,

Si me han robado el hijo, ¡ay desdichada!»

«¡Hola! ¿Con que, eso es todo? Pues si se lamentasen de ese modo

Las madres de los muchos que devoras, Buena música hubiera a todas horas.

Vaya, vaya, consuélate como ellas;

No nos quiten el sueño tus querellas.»

A desdichas y males

Vivimos condenados los mortales.

A cada cual, no obstante, le parece Que de esta ley una excepción merece. Así nos conformamos con la pena,

No cuando es propia, sí cuando es ajena.

FÁBULA XVIII

El lobo y el perro flaco

Distante de la aldea, Iba cazando un Perro Flaco, que parecía

Un andante esqueleto. Cuando menos lo piensa Un Lobo le hizo preso. Aquí de sus clamores,

De sus llantos y ruegos.

«Decidme, señor Lobo.

¿Qué queréis de mi cuerpo, Si no tiene otra cosa

Que huesos y pellejo? Dentro de quince días Casa a su hija mi dueño, Y ha de haber para todos Arroz y gallo muerto.

Dejadme ahora libre, Que pasado este tiempo,

Podréis comerme a gusto, Lucio, gordo y relleno.» Quedaron convenidos;

Y apenas se cumplieron Los días señalados,

El Lobo buscó al Perro. Estábase en su casa   Con otro compañero, Llamado Matalobos,

Mastín de los más fieros. Salen a recibirle;

Al punto que le vieron, Matalobos bajaba

Con corbatín de hierro. No era el Lobo persona De tantos cumplimientos; Y así, por no gastarlos, Cedió de su derecho.

Huía, y le llamaban; Mas él iba diciendo

Con el rabo entre piernas:

«Pies, ¿para qué os quiero?»

Hasta los niños saben Que es de mayor aprecio Un pájaro en la mano Que por el aire ciento.

FÁBULA XIX

La oveja y el ciervo

Un celemín de trigo

Pidió a la Oveja el Ciervo, y la decía:

«Si es que usted de mi paga desconfía, A presentar me obligo

Un fiador desde luego,

Que no dará lugar a tener queja.»

«Y ¿quién es éste?», preguntó la Oveja.

«Es un lobo abonado, llano y lego.»

«¡Un lobo! ya; mas hallo un embarazo:

Si no tenéis más fincas que él sus dientes, Y tú los pies para escapar valientes,

¿A quién acudiré, cumplido el plazo?»

Si quién es el que pide y sus fiadores, Antes de dar prestado se examina,

Será menor, sin otra medicina, La peste de los malos pagadores.

FÁBULA XX

La alforja

En una Alforja al hombro Llevo los vicios:

Los ajenos delante, Detrás los míos.

Esto hacen todos; Así ven los ajenos, Mas no los propios.

FÁBULA XXI

El asno infeliz

Yo conocí un Jumento Que murió muy contento

Por creer, y no iba fuera de camino, Que así cesaba su fatal destino.

Pero la adversa suerte Aun después de su muerte

Le persiguió: dispuso que al difunto Le arrancasen el cuero luego al punto Para hacer tamboriles,

Y que en los regocijos pastoriles Bailasen las zagalas en el prado, Al son de su pellejo baqueteado.

Quien por su mala estrella es infelice, Aun muerto lo será. Fedro lo dice.

FÁBULA XXII

El jabalí y la zorra

Sus horribles colmillos aguzaba

Un Jabalí en el tronco de una encina. La Zorra, que vecina

Del animal cerdoso se miraba, Le dice: «Extraño el verte,

Siendo tú en paz señor de la bellota, Cuando ningún contrario te alborota, Que tus armas afiles de esa suerte.» La fiera respondió: «Tenga entendido

Que en la paz se prepara el buen guerrero, Así como en la calma el marinero,

 Y que vale por dos el prevenido.»

FÁBULA XXIII

El perro y el cocodrilo

Bebiendo un Perro en el Nilo, Al mismo tiempo corría.

«Bebe quieto», le decía Un taimado Cocodrilo.

Díjole el Perro prudente:

«Dañoso es beber y andar; Pero ¿es sano el aguardar

A que me claves el diente?»

¡Oh qué docto Perro viejo! Yo venero su sentir

En esto de no seguir Del enemigo el consejo.

FÁBULA XXIV

La comadreja y los ratones

Débil y flaca cierta Comadreja, No pudiendo ya más, de puro vieja, Ni cazaba ni hacía provisiones

De abundantes Ratones, Como en tiempos pasados,

Que elegía los tiernos, regalados, Para cubrir su mesa.

Sólo de tarde en tarde hacía presa En tal cual que pasaba muy cercano, Gotoso, paralítico o anciano.

Obligada del hambre cierto día, Urdió el modo mejor con que saldría

De aquella pobre situación hambrienta, Pues la necesidad todo lo inventa.

Esta vieja taimada

Métese entre la harina amontonada. Alerta y con cautela,

Cual suele en la garita el centinela, Espera ansiosa su feliz momento

Para la ejecución del pensamiento. Llega el Ratón sin conocer su ruina Y mete el hociquillo entre la harina; Entonces ella le echa de repente

La garra al cuello, y al hocico el diente. Con este nuevo ardid tan oportuno

Se los iba embuchando de uno en uno, Y a merced de discurso tan extraño, Logró sacar su tripa de mal año.

Es feliz un ingenio interesante: Él nos ayuda, si el poder nos deja; Y al ver lo que pasó a la Comadreja,

¿Quién no aguzará el suyo en adelante?

FÁBULA XXV

El lobo y el perro

En busca de alimento

Iba un Lobo muy flaco y muy hambriento. Encontró con un Perro tan relleno,

Tan lucio, sano y bueno, Que le dijo: «Yo extraño Que estés de tan buen año

Como se deja ver por tu semblante, Cuando a mí, más pujante,

Más osado y sagaz, mi triste suerte Me tiene hecho retrato de la muerte.» El Perro respondió: «Sin duda alguna Lograrás si tú quieres, mi fortuna.

Deja el bosque y el prado; Retírate a poblado; Servirás de portero

A un rico caballero,

Sin otro afán ni más ocupaciones Que defender la casa de ladrones.»

«Acepto desde luego tu partido, Que para mucho más estoy curtido. Así me libraré de la fatiga,

A que el hambre me obliga,

De andar por montes sendereando peñas, Trepando riscos y rompiendo breñas, Sufriendo de los tiempos los rigores, Lluvias, nieves, escarchas y calores.» A paso diligente

Marchaban juntos amigablemente, Varios puntos tratando en confianza, Pertenecientes a llenar la panza.

En esto el Lobo, por algún recelo Que comenzó a turbarle su consuelo, Mirando el Perro, dijo: «He reparado Que tienes el pescuezo algo pelado. Dime: ¿Qué es eso?» «Nada.»

«Dímelo, por tu vida, camarada.»

«No es más que la señal de la cadena; Pero no me da pena,

Pues aunque por inquieto A ella estoy sujeto,

Me sueltan cuando comen mis señores, Recíbenme a sus pies con mil amores; Ya me tiran el pan, ya la tajada,

Y todo aquello que les desagrada; Éste lo mal asado,

Aquel un hueso descamado;

Y aun un glotón, que todo se lo traga, A lo menos me halaga,

Pasándome la mano por el lomo; Yo meneo la cola, callo y como.»

«Todo eso es bueno, yo te lo confieso, Pero por fin y postre tú estás preso: Jamás sales de casa,

Ni puedes ver lo que en el pueblo pasa.»

«Es así.» «Pues amigo,

La amada libertad que yo consigo No he de trocarla de manera alguna

Por tu abundante y próspera fortuna. Marcha, marcha a vivir encarcelado;

No serás envidiado

De quien pasea el campo libremente, Aunque tú comas tan glotonamente

Pan, tajadas y huesos; porque al cabo, No hay bocado en sazón para un esclavo.»

<u>TOMO II</u>

Fábulas en verso castellano para uso del Real Seminario Vascongado

POR DON FÉLIX MARÍA DE SAMANIEGO, señor de las villas y valles de Arraya en la provincia de Álava, individuo de número y literato de la Real Sociedad Vascongada, presidente de turno de dicho seminario.

Nec aliud quidquam per Fabellas quaeritur, Quam corrigatur error ut mortalíum, Acuatque ses dihgens industria.

(Phedr. Fab. Prol. Lib. II)

Neque enim notare singulos mens est mihi; Verum ipsam vitam, et mores hominum ostendere.

(Phedr. Fab. Prol. Lib. III)

LIBRO SEXTO

FÁBULA PRIMERA

El pastor y el filósofo

De los confusos pueblos apartado, Un anciano Pastor vivió en su choza, En el feliz estado en que se goza Existir ni envidioso ni envidiado.

No turbó con cuidados la riqueza A su tranquila vida,

Ni la extremada mísera pobreza Fue del dichoso anciano conocida. Empleado en su labor gustosamente

Envejeció; sus canas, su experiencia Y su virtud le hicieron, finalmente, Respetable varón, hombre de ciencia. Voló su grande fama por el mundo;

Y llevado de nueva tan extraña, Acercóse un Filósofo profundo A la humilde cabaña,

Y preguntó al Pastor: «Dime, ¿en qué escuela Te hiciste sabio? ¿Acaso te ocupaste

Largas noches leyendo a la candela?

¿A Grecia y Roma sabias observaste?

¿Sócrates refinó tu entendimiento?

¿La ciencia de Platón has tú medido O pesaste de Tulio el gran talento, O tal vez, como Ulises, has corrido

Por ignorados pueblos y confusos Observando costumbres, leyes y usos?»

«Ni las letras seguí, ni como Ulises (Humildemente respondió el anciano), Discurrí por incógnitos países.

Sé que el género humano

En la escuela del mundo lisonjero

Se instruye en el doblez y la patraña. Con la ciencia que engaña

¿Quién podrá hacerse sabio verdadero? Lo poco que yo sé me lo ha enseñado Naturaleza en fáciles lecciones:

Un odio firme al vicio me ha inspirado, Ejemplos de virtud da a mis acciones.

Aprendí de la abeja lo industrioso,

Y de la hormiga, que en guardar se afana, A pensar en el día de mañana.

Mi mastín, el hermoso Y fiel sin semejante,

De gratitud y lealtad constante Es el mejor modelo,

Y si acierto a copiarle, me consuelo. Si mi nupcial amor lecciones toma, Las encuentra en la cándida paloma.

La gallina a sus pollos abrigando Con sus piadosas alas como madre, Y las sencillas aves aun volando,

Me prestan reglas para ser buen padre. Sabia naturaleza, mi maestra,

Lo malo y lo ridículo me muestra Para hacérmelo odioso.

Jamás hablo a las gentes

Con aire grave, tono jactancioso, Pues saben los prudentes

Que, lejos de ser sabio el que así hable, Será un búho solemne, despreciable.

Un hablar moderado, Un silencio oportuno

En mis conversaciones he guardado. El hablador molesto e importuno

Es digno de desprecio.

Quien escuche a la urraca será un necio. A los que usan la fuerza y el engaño

Para el ajeno daño,

Y usurpan a los otros su derecho, Los debe aborrecer un noble pecho. Únanse con los lobos en la caza, Con milanos y halcones,

Con la maldita serpentina raza, Caterva de carnívoros ladrones.

Mas ¡qué dije! Los hombres tan malvados Ni aún merecen tener esos aliados.

No hay dañino animal tan peligroso Como el usurpador y el envidioso. Por último, en el libro interminable De la naturaleza yo medito;

En todo lo creado es admirable: Del ente más sencillo y pequeñito Una contemplación profunda alcanza

Los más preciosos frutos de enseñanza.»

«Tu virtud acredita, buen anciano (El Filósofo exclama),

Tu ciencia verdadera y justa fama. Vierte el género humano

En sus libros y escuelas sus errores; En preceptos mejores

Nos da naturaleza su doctrina. Así quien sus verdades examina

Con la meditación y la experiencia, Llegará a conocer virtud y ciencia.»

FÁBULA II

El hombre y la fantasma

Un joven licencioso

Se hallaba en un estado vergonzoso, Con sus males secretos retirado; En soledad, doliente, exasperado, Cavila, llora, canta, jura, reza, Como quien ha perdido la cabeza.

«¿Te falta la salud? Pues, caballero, De todo tu dinero,

Nobleza, juventud y poderío Sábete que me río;

Trata de recobrarla, pues perdida,

¿De qué sirven los bienes de esta vida?» Todo esto una Fantasma le previno,

Y al instante se fue como se vino. El enfermo se cuida, se repone;

Un nuevo plan de vida se propone. En efecto, se casa.

Cércanle los cuidados de la casa,

Que se van aumentando de hora en hora. La mujer (Dios nos libre), gastadora Aun mucho más que rica,

Los hijos y las deudas multiplica; De modo que el marido,

Más que nunca aburrido,

Se puso sobre un pie de economía, Que estrechándola más de día en día, Al fin se enriqueció con opulencia.

La Fantasma le dice: «En mi conciencia, Que te veo amarillo como el oro; Tienes tu corazón en el tesoro;

Miras sobre tu pecho acongojado El puñal del ladrón enarbolado;

Las noches pasas en mortal desvelo;

¿Y así quieres vivir?...¡Qué desconsuelo!» El Hombre, como caso milagroso,

Se transformó de avaro en ambicioso. Llegó dentro de poco a la privanza:

¡El señor don Dinero qué no alcanza! La Fantasma le muestra claramente

Un falso confidente: Cien traidores amigos,

Que quieren ser autores y testigos De su pronta caída.

Resuélvese a dejar aquella vida, Y ya desengañado,

En los campos se mira retirado. Buscaba los placeres inocentes

En las flores y frutas diferentes.

¿Quieren ustedes creer (esto me pasma) Que aun allí le persigue la Fantasma? Los insectos, los hielos y los vientos,

Todos los elementos

Y las plagas de todas estaciones Han de ser en el campo tus ladrones.

Pues ¿adónde irá el pobre caballero?...

Digo que es un solemne majadero Todo aquel que pretende

Vivir en este mundo sin su duende.

FÁBULA III

El jabalí y el carnero

De la rama de un árbol un Carnero Degollado pendía;

En él a sangre fría

Cortaba el remangado Carnicero. El rebaño inocente,

Que el trágico espectáculo miraba, De miedo, ni pacía ni balaba.

Un jabalí gritó: «Cobarde gente, Que miráis la carnívora matanza,

¿Cómo no os vengáis del enemigo?»

«Tendrá, dijo un Carnero, su castigo, Mas no de nuestra parte la venganza.

La piel que arranca con sus propias manos Sirve para los pleitos y la guerra,

Las dos mayores plagas de la tierra, Que afligen a los míseros humanos.

Apenas nos desuellan, se destina Para hacer pergaminos y tambores; Mira cómo los hombres malhechores Labran en su maldad su propia ruina.»

FÁBULA IV

El raposo, la mujer y el gallo

Con la orejas gachas

Y la cola entre piernas, Se llevaba un Raposo

Un Gallo de la aldea. Muchas gracias al alba, Que pudo ver la fiesta, Al salir de su casa Juana la madruguera.

Como una loca grita:

«Vecinos, que le lleva; Que es el mío, vecinos.» Oye el Gallo las quejas, Y le dice al Raposo:

«Dila que no nos mienta, Que soy tuyo y muy tuyo.» Volviendo la cabeza,

La responde el Raposo:

«Oyes, gran embustera, No es tuyo, sino mío; Él mismo lo confiesa.» Mientras esto decía, El Gallo libre vuela,

Y en la copa de un árbol Canta que se las pela.

El Raposo burlado

Huyó; ¡quién lo creyera! Yo, pues a más de cuatro,

Muy zorros en sus tretas, Por hablar a destiempo, Los vi perder la presa.

FÁBULA V

El filósofo y el rústico

La del alba sería

La hora en que un Filósofo salía A meditar al campo solitario, En lo hermoso y lo vario,

Que a la luz de la aurora nos enseña Naturaleza, entonces más risueña.

Distraído sin senda caminaba,

Cuando llegó a un cortijo, donde estaba Con un martillo el Rústico en la mano, En la otra un milano,

Y sobre una portátil escalera.

«¿Qué haces de esa manera?», El Filósofo dijo.

«Castigar a un ladrón de mi cortijo, Que en mi corral ha hecho más destrozos Que todos los ladrones en Torozos.

Le clavo en la pared... ya estoy contento... Sirve a toda tu raza de escarmiento.»

«El matador es digno de la muerte, El Sabio dijo, mas si de esa suerte El milano merece ser tratado,

¿De qué modo será bien castigado

El hombre sanguinario, cuyos dientes Devoran a infinitos inocentes,

Y cuenta como mísera su vida, Si no hace de cadáveres comida?

Y aun tú, que así castigas los delitos, Cenarías anoche tus pollitos.»

«Al mundo le encontramos de este modo, Dijo airado el patán. Y sobre todo, Si lo mismo son hombres que milanos.

Guárdese no le pille entre mis manos.» El Sabio se dejó de reflexiones.

Al tirano le ofenden las razones Que demuestran su orgullo y tiranía; Mientras por su sentencia cada día Muere (viviendo él mismo impunemente) Por menores delitos otra gente.

FÁBULA VI

La pava y la hormiga

Al salir con las yuntas Los criados de Pedro,

El corral se dejaron

De par en par abierto. Todos los pavipollos Con su madre se fueron, Aquí y allí picando, Hasta el cercano otero. Muy contenta la Pava Decía a sus polluelos:

«Mirad, hijos, el rastro De un copioso hormiguero. Ea, comed hormigas,

Y no tengáis recelo,

Que yo también las como: Es un sabroso cebo.

Picad, queridos míos:

¡Oh qué días los nuestros, Si no hubiese en el mundo Malditos cocineros!

Los hombres nos devoran, Y todos nuestros cuerpos Humean en las mesas

De nobles y plebeyos.

A cualquier fiestecilla

Ha de haber pavos muertos.

¡Qué pocas navidades Contaron mis abuelos!

¡Oh glotones humanos, Crueles carniceros!» Mientras tanto una Hormiga Se puso en salvamento Sobre un árbol vecino

Y gritó con denuedo:

«¡Hola! con que los hombres Son crueles, perversos;

¿Y qué seréis los pavos?

¡Ay de mí! ya lo veo:

A mis tristes parientes,

¡Qué digo! a todo el pueblo Sólo por desayuno

Os le vais engullendo.» No respondió la Pava Por no saber un cuento,

Que era entonces del caso, Y ahora viene a pelo.

Un gusano roía

un grano de centeno: Véronlo las Hormigas:

¡Qué gritos! ¡Qué aspavientos!

«Aquí fue Troya, dicen: Muere, pícaro perro»;

Y ellas ¿qué hacían? Nada: Robar todo el granero.

Hombres, Pavos, Hormigas, Según estos ejemplos,

Cada cual en su libro Esta moral tenemos.

La falta leve en otro Es un pecado horrendo; Pero el delito propio No más que pasatiempo.

FÁBULA VII

El enfermo y la visión

«¡Conque de tus recetas exquisitas,

Un Enfermo exclamó, ninguna alcanza!...» El médico se fue sin esperanza,

Contando por los dedos sus visitas. Así desengañado,

Y creciendo por horas su dolencia, De este modo examina su conciencia:

«En todos mis contratos he logrado, No lo niego, ganancia muy segura;

Trabajé en calcular mis intereses: Aumenté mi caudal en pocos meses, Más por felicidad que por usura.

Sin rencor ni malicia

Hice que a mi deudor pusiesen preso: Murió pobre en la cárcel, lo confieso; Mas, en fin, es un hecho de justicia.

Si por cierto instrumento Reduje una familia muy honrada A pobreza extremada,

Algún día leerán mi testamento. Entonces, muerto yo, se hará patente,

En la tierra lo mismo que en el cielo, Para alivio de pobres y consuelo,

Mi caridad ardiente.»

Una Visión se acerca y dice: «Hermano, La esperanza condeno

Del que aguarda a morir para ser bueno. Una acción de piedad está en tu mano:

Tus prójimos, según sus oraciones, Están necesitados:

Para ser remediados

Han menester siquiera cien doblones.»

«¡Cien doblones! No es nada.

tY si, porque Dios quiera, no me muero, Y después me hace falta ese dinero, Sería caridad bien ordenada?»

«Avaro, ¿te resistes? Pues al cabo

Te anuncio que tu muerte está cercana.»

«¿Me muero? Pues que esperen a mañana.» La Visión se volvió sin un ochavo.

FÁBULA VIII

El camello y la pulga

Al que ostenta valimiento Cuando su poder es tal,

Que ni influye en bien ni en mal, Le quiero contar un cuento.

En una larga jornada Un Camello muy cargado Exclamó, ya fatigado:

«¡Oh qué carga tan pesada!» Doña Pulga, que montada

Iba sobre él, al instante Se apea, y dice arrogante:

«Del peso te libro yo.» El Camello respondió:

«Gracias, señor elefante.»

FÁBULA IX

El cerdo, el carnero y la cabra

Poco antes de morir el corderillo Lame alegre la mano y el cuchillo

Que han de ser de su muerte el instrumento, Y es feliz hasta el último momento.

Así, cuando es el mal inevitable,

Es quien menos prevé más envidiable. Bien oportunamente mi memoria

Me presenta al Lechón de cierta historia. Al mercado llevaba un carretero

Un Marrano, una Cabra y un Carnero. Con perdón, el Cochino

Clamaba sin cesar en el camino:

«¡Ésta sí que es miseria!

Perdido soy, me llevan a la feria.» Así gritaba; mas ¡con qué gruñidos! No dio en su esclavitud tales gemidos Hécuba la infelice.

El carretero al gruñidor le dice:

«¿No miras al Carnero y a la Cabra, Que vienen sin hablar una palabra?»

«¡Ay, señor, le responde, ya lo veo! Son tontos y no piensan.

Yo preveo Nuestra muerte cercana.

A los dos por la leche y por la lana Quizá no matarán tan prontamente; Pero a mí, que soy bueno solamente Para pasto del hombre... no lo dudo: Mañana comerán de mi menudo.

Adiós, pocilga; adiós, gamella mía.» Sutilmente su muerte preveía.

Mas ¿qué lograba el pensador Marrano? Nada, sino sentirla de antemano.

El dolor ni los ayes es seguro Que no remediarán el mal futuro.

FÁBULA X

El león, el tigre y el caminante

Entre sus fieras garras oprimía Un Tigre a un Caminante.

A los tristes quejidos al instante Un León acudió: con bizarría

Lucha, vence a la fiera, y lleva al hombre A su regia caverna. «Toma aliento,

Le decía el León; nada te asombre; Soy tu libertador; estáme atento.

¿Habrá bestia sañuda y enemiga

Que se atreva a mi fuerza incomparable? Tú puedes responder, o que lo diga

Esa pintada fiera despreciable. Yo, yo solo, monarca poderoso; Domino en todo el bosque dilatado.

¡Cuántas veces la onza y aun el oso Con su sangre el tributo me han pagado!

Los despojos de pieles y cabezas, Los huesos que blanquean este piso Dan el más claro aviso

De mi valor sin par y mis proezas.»

«Es verdad, dijo el hombre, soy testigo: Los triunfos miro de tu fuerza airada, Contemplo a tu nación amedrentada;

Al librarme venciste a mi enemigo. En todo esto, señor, con tu licencia, Sólo es digna del trono tu clemencia. Sé benéfico, amable,

En lugar de despótico tirano; Porque, señor, es llano

Que el monarca será más venturoso Cuanto hiciere a su pueblo más dichoso.»

«Con razón has hablado; Y ya me causa pena

El haber yo buscado

Mi propia gloria en la desdicha ajena. En mis jóvenes años

El orgullo produjo mil errores,

Que me los ha encubierto con engaños Una corte servil de aduladores.

Ellos me aseguraban de concierto Que por el mundo todo

No reinan los humanos de otro modo,

Tú lo sabrás mejor; dime, ¿y es cierto?»

FÁBULA XI

La muerte

Pensaba en elegir la reina Muerte Un ministro de Estado:

Le quería de suerte

Que hiciese floreciente su reinado.

«El Tabardillo, Gota, Pulmonía Y todas las demás enfermedades, Yo conozco, decía,

Que tienen excelentes calidades.

Mas ¿qué importa? La Peste, por ejemplo, Un ministro sería sin segundo;

Pero ya por inútil la contemplo, Habiendo tanto médico en el mundo. Uno de éstos elijo... Mas no quiero,

Que están muy bien premiados sus servicios Sin otra recompensa que el dinero.» Pretendieron la plaza algunos vicios, Alegando en su abono mil razones.

Consideró la Reina su importancia, Y después de maduras reflexiones, El empleo ocupó la Intemperancia.

FÁBULA XII

El amor y la locura

Habiendo la Locura Con el Amor reñido, Dejó ciego de un golpe

 Al miserable niño. Venganza pide al cielo

Venus, mas ¡con qué gritos! Era madre y esposa:

Con esto queda dicho. Queréllase a los dioses, Presentando a su hijo:

«¿De qué sirven las flechas, De qué el arco a Cupido, Faltándole la vista

Para asestar sus tiros? Quítensele las alas

Y aquel ardiente cirio, Si a su luz ser no pueden Sus vuelos dirigidos.»

Atendiendo a que el ciego Siguiese su ejercicio,

Y a que la delincuente Tuviese su castigo, Júpiter, presidente De la asamblea, dijo:

«Ordeno a la Locura,

Desde este instante mismo, Que eternamente sea

De Amor el lazarillo.»

LIBRO SÉPTIMO

FÁBULA PRIMERA

El raposo enfermo

El tiempo, que consume de hora

en hora Los fuertes murallones elevados, Y lo mismo devora

Montes agigantados,

A un Raposo quitó de día en día

Dientes, fuerza, valor, salud; de suerte Que él mismo conocía

Que se hallaba en las garras de la muerte. Cercado de parientes y de amigos,

Dijo en trémula voz y lastimera:

«¡Oh vosotros, testigos De mi hora postrera,

Atentos escuchad un desengaño!

Mis ya pasadas culpas me atormentan, Ahora, conjuradas en mi daño,

¿No veis cómo a mi lado se presentan? Mirad, mirad los gansos inocentes

Con su sangre teñidos,

Y los pavos en partes diferentes, Al furor de mis garras, divididos. Apartad esas aves que aquí veo,

Y me piden sus pollos devorados: Su infernal cacareo

Me tiene los oídos penetrados.»

Los raposos le afirman con tristeza, No sin lamerse labios y narices:

«Tienes debilitada la cabeza;

Ni una pluma se ve de cuanto dices.

Y bien lo puedes creer, que si se viese...»

«¡Oh glotones! callad; ya, ya os entiendo, El enfermo exclamó; ¡si yo pudiese Corregir las costumbres cual pretendo!

¿No sentís que los gustos,

Si son contra la paz de la conciencia, Se cambian en disgustos?

Tengo de esta verdad gran experiencia. Expuestos a las trampas y a los perros,

Matáis y perseguís a todo trapo,

En la aldea gallinas, y en los cerros Los inocentes lomos del gazapo.

Moderad, hijos míos, las pasiones; Observad vida quieta y arreglada, Y con buenas acciones

Ganaréis opinión muy estimada.»

«Aunque nos convirtamos en corderos, Le respondió un oyente sentencioso, Otros han de robar los gallineros

A costa de la fama del Raposo. Jamás se cobra la opinión perdida:

Esto es lo uno. A más, ¿usted pretende Que mudemos de vida?

Quien malas mañas ha... ya usted me entiende.»

«Sin embargo, hermanito, crea, crea... El enfermo le dijo. Mas ¡qué siento!...

¿No oís que una gallina cacarea? Esto sí que no es cuento.» Adiós, sermón; escápase la gente.

El enfermo orador esfuerza el grito:

«¿Os vais, hermanos? Pues tened presente Que no me haría daño algún pollito.»

<u>FÁBULA II</u>

Las exequias de la leona

En su regia caverna, inconsolable El rey león yacía,

Porque en el mismo día

Murió ¡cruel dolor! su esposa amable. A palacio la corte toda llega,

Y en fúnebre aparato se congrega. En la cóncava gruta resonaba

Del triste rey el doloroso llanto; Allí los cortesanos entre tanto También gemían porque el rey lloraba; Que si el viudo monarca se riera,

La corte lisonjera

Trocara en risa el lamentable paso. Perdone la difunta: voy al caso.

Entre tanto sollozo

El ciervo no lloraba, yo lo creo; Porque, lleno de gozo,

Miraba ya cumplido su deseo. La tal reina le había devorado

Un hijo y la mujer al desdichado. El ciervo, en fin, no llora;

El concurso lo advierte:

El monarca lo sabe, y en la hora Ordena con furor darle la muerte.

«¿Cómo podré llorar, el ciervo dijo,

Si apenas puedo hablar de regocijo? Ya disfruta, gran rey, más venturosa, Los Elíseos Campos vuestra esposa: Me lo ha revelado, a la venida,

Muy cerca de la gruta aparecida. Me mandó lo callase algún momento,

Porque gusta mostréis el sentimiento.» Dijo así; y el concurso cortesano Aclamó por milagro la patraña.

El ciervo consiguió que el soberano Cambiase en amistad su fiera saña.

Los que en la indignación han incurrido De los grandes señores

A veces su favor han conseguido Con ser aduladores.

Mas no por esto advierto

Que el medio sea justo; pues es cierto Que a más príncipes vicia

La adulación servil que la malicia.

<u>FÁBULA III</u>

El poeta y la rosa

Una fresca mañana, En el florido campo Un Poeta buscaba

Las delicias de mayo. Al peso de las flores

Se inclinaban los ramos, Como para ofrecerse

Al huésped solitario. Una Rosa lozana, Movida al aire blando,

Le llama, y él se acerca; La toma, y dice ufano:

«Quiero, Rosa, que vayas No más que por un rato A que la hermosa Clori Te reciba en su mano.

Mas no, no, pobrecita; Que si vas a su lado, Tendrás de su hermosura Unos celos amargos.

Tu suave fragancia, Tu color delicado,

El verdor de tus hojas Y tus pimpollos caros Entre estas florecillas Pueden ser alabados;

Mas junto a Clori bella, Es locura pensarlo.

Marchita, cabizbaja, Te irías deshojando, Hasta parar tu vida En un desnudo cabo.»

La Rosa, que hasta entonces No despegó sus labios,

Le dijo, resentida:

«Poeta chabacano,

Cuando a un héroe quieras

Coronar con el lauro, Del jardín de sus hechos Has de cortar los ramos. Por labrar su corona,

No es justo que tus manos Desnuden otras sienes

Que la virtud y el mérito adornaron.»

FÁBULA IV

El búho y el hombre

Vivía en un granero retirado Un reverendo Búho, dedicado A sus meditaciones,

Sin olvidar la caza de ratones. Se dejaba ver poco, mas con arte:

Al Gran Turco imitaba en esta parte. El dueño del granero

Por azar advirtió que en un madero El pájaro nocturno

Con gravedad estaba taciturno. El Hombre le miraba y se reía;

«¡Qué carita de pascua! le decía;

¿Puede haber más ridículo visaje? Vaya, que eres un raro personaje.

¿Por qué no has de vivir alegremente Con la pájara gente,

Seguir desde la aurora A la turba canora

De jilgueros, calandrias, ruiseñores, Por valles, fuentes, árboles y flores?»

«Piensas a lo vulgar, eres un necio, Dijo el solemne Búho con desprecio; Mira, mira, ignorante,

A la sabiduría en mi semblante:

Mi aspecto, mi silencio, mi retiro, Aun yo mismo lo admiro.

Si rara vez me digno, como sabes, De visitar la luz, todas las aves Me siguen y rodean: desde luego Mi mérito conocen, no lo niego.»

«¡Ah tonto presumido!,

El Hombre dijo así; ten entendido

Que las aves, muy lejos de admirarte, Te siguen y rodean por burlarte.

De ignorante orgulloso te motejan,

Como yo a aquellos hombres que se alejan Del trato de las gentes,

Y con extravagancias diferentes

Han llegado a doctores en la ciencia

De ser sabios no más que en la apariencia.» De esta suerte de locos

Hay hombres como búhos, y no pocos.

FÁBULA V

La mona

Subió una Mona a un nogal.

Y cogiendo una nuez verde, En la cáscara la muerde; Con que la supo muy mal.

Arrojóla el animal, Y se quedó sin comer.

Así suele suceder

A quien su empresa abandona. Porque halla, como la mona, Al principio qué vencer.

<u>FÁBULA VI</u>

Esopo y un ateniense

Cercado de muchachos Y jugando a las nueces, Estaba el viejo Esopo Más que todos alegre.

«¡Ah pobre! ya chochea», Le dijo un Ateniense.

En respuesta, el anciano Coge un arco que tiene La cuerda floja, y dice:

«Ea, si es que lo entiendes, Dime, ¿qué significa

El arco de esta suerte?» Lo examina el de Atenas, Piensa, cavila, vuelve, Y se fatiga en vano

Pues que no lo comprende. El frigio victorioso

Le dijo: «Amigo, advierte Que romperás el arco

Si está tirante siempre; Si flojo, ha de servirte Cuando tú lo quisieres.»

Si al ánimo estudioso Algún recreo dieren, Volverá a sus tareas Mucho más útilmente.

FÁBULA VII

Demetrio y Menandro

Si te falta el buen nombre, Fabio, en vano presumes

Que en el mundo te tengan por grande hombre, Sin más que por tus galas y perfumes.

Demetrio el Faleriano se apodera De Atenas, y aunque fue con tiranía, De agradable manera

Los del vulgo le aclaman a porfía. Los grandes y los nobles distinguidos Con fingido placer la mano besan

Que los tiene oprimidos;

Aun a los que en el ocio se embelesan,

Y la poltrona gente

Los arrastra el temor al cumplimiento. Con ellos va Menandro juntamente, Dramático escritor de gran talento, Cuyas obras leyó, sin conocerle, Demetrio. Con perfumes olorosos

Y pasos afectados entra. Al verle Llegar entre los tardos perezosos, El nuevo Arconte prorrumpió, enojado:

«Con qué valor se pone en mi presencia Ese hombre afeminado?»

«Señor, le respondió la concurrencia, Es Menandro el autor.» Al punto muda De semblante el tirano;

Al escritor saluda,

Y con grata expresión le da la mano.

FÁBULA VIII

Las hormigas

Lo que hoy las Hormigas son, Eran los hombres antaño:

De lo propio y de lo extraño Hacían su provisión.

Júpiter, que tal pasión Notó de siglos atrás,

No pudiendo aguantar más, En hormigas los transforma:

Ellos mudaron de forma;

¿Y de costumbres? Jamás.

FÁBULA IX

Los gatos escrupulosos

A las once y aun más de la mañana La cocinera Juana,

Con pretexto de hablar a la vecina, Se sale, cierra, y deja en la cocina A Micifuf y Zapirón hambrientos.

Al punto, pues no gastan cumplimientos Gatos enhambrecidos,

Se avanzan a probar de los cocidos.

«¡Fu, dijo Zapirón, maldita olla!

¡Cómo abrasa! Veamos esa polla

Que está en el asador lejos del fuego.» Ya también escaldado, desde luego

Se arrima Micifuf, y en un instante Muestra cada trinchante

Que en el arte cisoria, sin gran pena, Pudiera dar lecciones a Villena.

Concluido el asunto,

El señor Micifuf tocó este punto. Utrum si se podía o no en conciencia Comer el asador. «¡Oh qué demencia! Exclamó Zapirón en altos gritos,

¡Cometer el mayor de los delitos!

¿No sabes que el herrero

Ha llevado por él mucho dinero,

Y que, si bien la cosa se examina, Entre la batería de cocina

No hay un mueble más serio y respetable? Tu pasión te ha engañado, miserable.» Micifuf en efecto

Abandonó el proyecto; Pues eran los dos Gatos De suerte timoratos,

Que si el diablo, tentando sus pasiones,

Les pusiese asadores a millones

(No hablo yo de las pollas), o me engaño, O no comieran uno en todo el año.

DE OTRO MODO

¡Qué dolor! por un descuido

Micifuf y Zapirón

Se comieron un capón, En un asador metido.

Después de haberse lamido, Trataron en conferencia

Si obrarían con prudencia En comerse el asador.

¿Le comieron? No señor. Era caso de conciencia.

FÁBULA X

El águila y la asamblea de los animales

Todos los animales cada instante Se quejaban a Júpiter tonante

De la misma manera

Que si fuese un alcalde de montera. El Dios, y con razón, amostazado Viéndose importunado,

Por dar fin de una vez a las querellas, En lugar de sus rayos y centellas,

De receptor envía desde el cielo Al Águila rapante, que de un vuelo En la tierra juntó los animales

Y expusieron en suma cosas tales. Pidió el león la astucia del raposo, Este de aquél lo fuerte y valeroso; Envidia la paloma al gallo fiero,

El gallo a la paloma lo ligero. Quiere el sabueso patas más felices, Y cuenta como nada sus narices.

El galgo lo contrario solicita; Y en fin, cosa inaudita,

Los peces, de las ondas ya cansados, Quieren probar los bosques y los prados; Y las bestias, dejando sus lugares, Surcar las olas de los anchos mares.

Después de oírlo todo,

El Águila concluye de éste modo:

«¿Tes, maldita caterva impertinente, Que entre tanto viviente

De uno y otro elemento, Pues nadie está contenta,

No se encuentra feliz ningún destino?

Pues ¿para qué envidiar el del vecino?» Con sólo este discurso,

Aun el bruto mayor de aquel concurso Se dio por convencido.

De modo que es sabido

Que ya sólo se matan los humanos

En envidiar la suerte a sus hermanos.

FÁBULA XI

La paloma

Un pozo pintado vio Una Paloma sedienta:

Tiróse a él tan violenta, Que contra la tabla dio. Del golpe, al suelo cayó, Y allí muere de contado.

De su apetito guiado,

Por no consultar al juicio, Así vuela al precipicio

El hombre desenfrenado.

FÁBULA XII

El chivo afeitado

«Vaya una quisicosa.

Si aciertas, Juana hermosa,

Cuál es el animal más presumido, Que rabia por hacerse distinguido Entre sus semejantes,

Te he de regalar un par de guantes. No es el pavón, ni el gallo,

Ni el león, ni el caballo;

Y así, no me fatigues coa demandas.»

«¿Será tal vez... el mono?» «Cerca le andas.»

«¿El mico?» «Que te quemas;

Pero no acertarás: no, no lo temas. Déjalo, no te canses el caletre.

Yo te diré cuál es: el Petimetre.»

Este vano orgulloso

Pierde tiempo, doblones y reposo En hacer distinguida su figura. No para en los adornos su locura;

Hace estudio de gestos y de acciones A costa de violentas contorsiones.

De perfumes va siempre prevenido;

No quiere oler a hombre ni en descuido. Que mire, marche o hable,

En todo busca hacerse remarcable.

¿Y qué consigue? Lo que todo necio: Cuanto más se distingue, más desprecio. En la historia siguiente yo me fundo.

Un Chivo, como muchos en el mundo, Vano extremadamente,

Se miraba al espejo de una fuente.

«¡Qué lástima, decía,

Que esté mi juventud y lozanía Por siempre disfrazada

Debajo de esta barba tan poblada!

¿Y cuándo? Cuando en todas las naciones No tienen ni aun bigotes los varones; Pues ya cuentan que son los moscovitas, Si barbones ayer, hoy señoritas.

¡Qué cabrunos estilos tan groseros!

A bien que estoy en tierra de barberos.» La historia fue en Tetuán, y todo el día La barberil guitarra se sentía,

El Chivo fue, guiado de su tono, A la tienda de un mono, Barberillo afamado,

Que afeitó al señorito de contado. Sale barbilampiño a la campaña.

Al ver una figura tan extraña, No hubo perro ni gato

Que no le hiciese burla al mentecato. Los chivos le desprecian de manera,

Que no hay más que decir. ¡Quién lo creyera! Un respetable macho

Dicen que rió como un muchacho.

LIBRO OCTAVO

FÁBULA PRIMERA

El naufragio de Simónides

A Elisa

En tanto que tus vanas compañeras, Cercadas de galanes seductores, Escuchan placenteras

En la escuela de Venus los amores, Elisa, retirada te contemplo

De la diosa Minerva al sacro templo. Ni eres menos donosa,

Ni menos agraciada Que Clori, ponderada

De gentil y de hermosa:

Pues, Elisa divina, ¿por qué quieres Huir en tu retiro los placeres?

¡Oh sabia, qué bien haces

En estimar en poco la hermosura, Los placeres fugaces,

El bien que sólo dura

Como rosa que el ábrego marchita! Tu prudencia infinita

Busca el sólido bien y permanente En la virtud y ciencia solamente.

Cuando el tiempo implacable con presteza O los males tal vez inopinados,

Se lleven la hermosura y gentileza, Con lágrimas estériles llorados Serán aquellos días que se fueron

Y a juegos vanos tus amigas dieron; Pero a tu bien estable

No hay tiempo ni accidente que consuma:

Siempre serás feliz, siempre estimable. Eres sabia, y en suma

Este bien de la ciencia no perece. Oye cómo esta fábula lo explica, Que mi respeto a tu virtud dedica.

Simónides en Asia se enriquece, Cantando a justo precio los loores De algunos generosos vencedores.

Este sabio poeta, con deseo

De volver a su amada patria Ceo, Se embarca, y en la mar embravecida Fue la mísera nave sumergida.

De la gente a las ondas arrojada, Sale quien diestro nada,

Y el que nadar no sabe

Fluctúa en las reliquias de la nave. Pocos llegan a tierra, afortunados, Con las náufragas tablas abrazados. Todos cuantos el oro recogieron, Con el peso abrumados, perecieron.

A Clecémone van. Allí vivía Un varón literato, que leía

Las obras de Simónides, de suerte

Que al conversar los náufragos, advierte Que Simónides habla, y en su estilo

Le conoce; le presta todo asilo De vestidos, criados y dineros; Pero a sus compañeros

Les quedó solamente por sufragio Mendigar con la tabla del naufragio.

<u>FÁBULA II</u>

El filósofo y la pulga

Meditando a sus solas cierto día. Un pensador Filósofo decía:

«El jardín adornado de mil flores, Y diferentes árboles mayores,

Con su fruta sabrosa enriquecidos, Tal vez entretejidos

Con la frondosa vid que se derrama Por una y otra rama,

Mostrando a todos lados

Las peras y racimos desgajados, Es cosa destinada solamente   Para que la disfruten libremente

La oruga, el caracol, la mariposa: No se persuaden ellos otra cosa.

Los pájaros sin cuento, Burlándose del viento,

Por los aires sin dueño van girando. El milano cazando

Saca la consecuencia:

Para mí los crió la Providencia.

El cangrejo, en la playa envanecido, Mira los anchos mares, persuadido

A que las olas tienen por empleo Sólo satisfácele su deseo,

Pues cree que van y vienen tantas veces Por dejarle en la orilla ciertos peces. No hay, prosigue el Filósofo profundo,

Animal sin orgullo en este mundo. El hombre solamente

Puede en esto alabarse justamente. Cuando yo me contemplo colocado

En la cima de un risco agigantado, Imagino que sirve a mi persona Todo el cóncavo cielo de corona.

Veo a mis pies los mares espaciosos, Y los bosques umbrosos,

Poblados de animales diferentes, Las escamosas gentes,

Los brutos y las fieras, Y las aves ligeras,

Y cuanto tiene alimento

En la tierra, en el agua y en el viento, Y digo finalmente: Todo es mío.

¡Oh grandeza del hombre y poderío!» Una Pulga que oyó con gran cachaza

Al Filósofo maza,

Dijo: «Cuando me miro en tus narices, Como tú sobre el risco que nos dices, Y contemplo a mis pies aquel instante Nada menos que al hombre dominante, Que manda en cuanto encierra

El agua, viento y tierra,

Y que el tal poderoso caballero

De alimento me sirve cuando quiero, Concluyo finalmente: Todo es mío.

¡Oh grandeza de pulga y poderío!» Así dijo, y saltando se le ausenta.

De este modo se afrenta Aun al más poderoso

Cuando se muestra vano y orgulloso.

FÁBULA III

El cazador y los conejos

Poco antes que esparciese Sus cabellos en hebras

El rubicundo Apolo

Por la faz de la tierra, De cazador armado,

Al soto Fabio llega. Por el nudoso tronco De cierta encina vieja Sube para ocultarse En las ramas espesas. Los incautos conejos Alegres se le acercan. Uno del verde prado Igualaba la hierba; Otro, cual jardinero, Las florecillas siega; El tomillo y romero Éste y aquél cercenan;

Entre tanto al más gordo Fabio su tiro asesta; Dispara, y al estruendo Se meten en sus cuevas Tan repentinamente,

Que a muchos pareciera

Que, salvo el muerto, a todos Se los tragó la tierra.

Después de tanto espanto,

¿Habrá alguno que crea Que de allí a poco rato La tímida caterva, Olvidando el peligro, Al riesgo se presenta?

Cosa extraña parece

Mas no se admiren de ella.

¿Acaso los humanos Hacen de otra manera?

FÁBULA IV

El filósofo y el faisán

Llevado de la dulce melodía Del cántico variado y delicioso Que en un bosque frondoso

Las aves forman, saludando al día, Entró cierta mañana

Un sabio en los dominios de Diana. Sus pasos esparcieron el espanto En la agradable estancia; Interrúmpese el canto;

Las aves vuelan a mayor distancia; Todos los animales, asustados, Huyen delante de él precipitados, Y el Filósofo queda

Con un triste silencio en la arboleda. Marcha con cauto paso ocultamente; Descubre sobre un árbol eminente

A un faisán, rodeado de su cría, Que con amor materno la decía:

«Hijos míos, pues ya que en mis lecciones Largamente os hablé de los milanos,

De los buitres y halcones,

Hoy hemos de tratar de los humanos. La oveja en leche y lana

Da abrigo y alimento Para la raza humana, Y en agradecimiento

A tan gran bienhechora,

La mata el hombre mismo y la devora. A la abeja, que labra sus panales Artificiosamente,

La roba, come, vende sus caudales, Y la mata en ejércitos su gente.

¿Qué recompensa, en suma,

Consigue al fin el ganso miserable Por el precioso bien, incomparable, De ayudar a las ciencias con su pluma?

Le da muerte temprana el hombre ingrato, Y hace de su cadáver un gran plato.

Y pues que los humanos son peores Que milanos y azores

Y que toda perversa criatura, Huiréis con horror de su figura.» Así charló, y el hombre se presenta.

«Ese es», grita la madre, y al instante

La familia volante

Se desprende del árbol y se ausenta.

¡Oh cómo habló el Faisán! «Mas ¡qué dijera El Filósofo exclama, si supiera

Que en sus propios hermanos

La ingratitud ejercen los humanos.»

FÁBULA V

El zapatero médico

Un inhábil y hambriento Zapatero En la corte por médico corría: Con un contraveneno que fingía Ganó fama y dinero.

Estaba el Rey postrado en una cama, De una grave dolencia;

Para hacer experiencia

Del talento del médico, le llama. El antídoto pide, y en un vaso

Finge el Rey que le mezcla con veneno: Se lo manda beber; el tal Galeno

Teme morir, confiesa todo el caso, Y dice que sin ciencia

Logró hacerse doctor de grande precio Por la credulidad del vulgo necio.

Convoca el Rey al pueblo. «¡Qué demencia Es la vuestra, exclamó, que habéis fiado

La salud francamente

De un hombre a quien la gente

Ni aun quería fiarle su calzado!»

Esto para los crédulos se cuenta,

En quienes tiene el charlatán su renta.

FÁBULA VI

El murciélago y la comadreja

Cayó, sin saber cómo, Un Murciélago a tierra; Al instante le atrapa La lista Comadreja.

Clamaba el desdichado, Viendo su muerte cerca. Ella le dice: «Muere; Que por naturaleza

Soy mortal enemiga

De todo cuanto vuela.» El avechucho grita,

Y mil veces protesta

«Que él es ratón, cual todos Los de su descendencia»

Con esto ¡qué fortuna! El preso se liberta.

Pasado cierto tiempo, No sé de qué manera, Segunda vez le pilla: Él nuevamente ruega; Mas ella le responde

«Que Júpiter la ordena Tenga paz con las aves, Con los ratones guerra.»

«¿Soy yo ratón acaso?

Yo creo que estás ciega.

¿Quieres ver cómo vuelo?» En efecto, le deja,

Y a merced de su ingenio libre el pájaro vuela.

Aquí aprendió de Esopo La gente marinera, Murciélagos que fingen Pasaporte y bandera.

No importa que haya pocos Ingleses comadrejas;

Tal vez puede de un riesgo Sacarnos una treta.

FÁBULA VII

La mariposa y el caracol

Aunque te haya elevado la fortuna

Desde el polvo a los cuernos de la luna, Si hablas, Fabio, al humilde con desprecio Tanto como eres grande serás necio.

¡Qué! ¿Te irritas? ¿Te ofende mi lenguaje?

«No se habla de ese modo a un personaje.» Pues haz cuenta, señor, que no me oíste, Y escucha a un Caracol. Vaya de chiste

En un bello jardín, cierta mañana, Se puso muy ufana

Sobre la blanca rosa

Una recién nacida Mariposa. El sol resplandeciente Desde su claro oriente

Los rayos esparcía;

Ella, a su luz, las alas extendía, Sólo porque envidiasen sus colores Manchadas aves y pintadas flores. Esta vana, preciada de belleza,

Al volver la cabeza,

Vio muy cerca de sí, sobre una rama, A un pardo Caracol. La bella dama, Irritada, exclamó: «¿Cómo, grosero, A mi lado te acercas? Jardinero,

¿De qué sirve que tengas con cuidado El jardín cultivado,

Y guarde tu desvelo

La rica fruta del rigor del hielo,

Y los tiernos botones de las plantas, Si ensucia y come todo cuanto plantas Este vil Caracol de baja esfera?

O mátale al instante, o vaya fuera.»

«Quien ahora te oyese, Si no te conociese,

Respondió el Caracol, en mi conciencia, Que pudiera temblar en tu presencia.

Mas dime, miserable criatura, Que acabas de salir de la basura,

¿Puedes negar que aún no hace cuatro días Que gustosa solías

Como humilde reptil andar conmigo, Y yo te hacía honor en ser tu amigo?

¿No es también evidente

Que eres por línea recta descendiente De las orugas, pobres hilanderos, Que, mirándose en cueros,

De sus tripas hilaban y tejían

Un fardo, en que el invierno se metían, Como tú te has metido,

Y aún no hace cuatro días que has salido? Pues si éste fue tu origen y tu casa;

¿Por qué tu ventolera se propasa

A despreciar a un caracol honrado?»

El que tiene de vidrio su tejado, Esto logra de bueno

Con tirar las pedradas al ajeno.

FÁBULA VIII

Los dos titiriteros

Todo el pueblo, admirado, Estaba en una plaza amontonado,

Y en medio se empinaba un Titiritero, Enseñando una bolsa sin dinero.

«Pase de mano en mano, les decía; Señores, no hay engaño, está vacía.» Se la vuelven; la sopla, y al momento Derrama pesos duros, ¡qué portento!

Levántase un murmullo de repente, Cuando ven por encima de la gente Otro Titiritero a competencia.

Queda en expectación la concurrencia Con silencio profundo.

Cesó el primero, y empezó el segundo. Presenta de licor unas botellas; Algunos se arrojaron hacia ellas,

Y al punto las hallaron transformadas En sangrientas espadas.

Muestra un par de bolsillos de doblones; Dos personas, sin duda dos ladrones, Les echaron la garra muy ufanos,

Y se ven dos cordeles en sus manos. A un relator cargado de procesos Una letra le enseña de mil pesos.

«Sople usted»; sopla el hombre apresurado, Y le cierra los labios un candado.

A un abate arrimado a su cortejo Le presenta un espejo,

Y al mirar su retrato peregrino, Se vio con las orejas de pollino. A un santero le manda

Que se acerque; le pilla la demanda, Y allá con sus hechizos

La convirtió en merienda de chorizos. A un joven desenvuelto y rozagante: Le regala un diamante:

Éste le dio a su dama, y en el punto Pálido se quedó como un difunto,

Item más, sin narices y sin dientes. Allí fue la rechifla de las gentes, La burla y la chacota.

El primer Titiritero se alborota; Dice por el segundo con denuedo:

«Ese hombre tiene un diablo en cada dedo, Pues no encierran virtud tan peregrina Los polvos de la madre Celestina.

Que declare su nombre.»

El concurso lo pide, y el buen hombre Entonces, más modesto que un novicio, Dijo: «No soy el diablo, sino el vicio.»

FÁBULA IX

El raposo y el perro

De un modo muy afable y amistoso El Mastín de un pastor con un Raposo Se solía juntar algunos ratos,

Como tal vez los perros y los gatos Con amistad se tratan. Cierto día El Zorro a su compadre le decía:

«Estoy muy irritado;

Los hombres por el mundo han divulgado Que mi raza inocente (¡qué injusticia!) Les anda circumcirca en la malicia.

¡Ah maldita canalla!

Si yo pudiera...» En esto el Zorro calla, Y erizado se agacha. «Soy perdido,

Dice, los cazadores he oído.

¿Qué me sucede?» «Nada.

No temas, le responde el camarada; Son las gentes que pasan al mercado. Mira, mira, cuitado,

Marchar haldas en cinta a mis vecinas, Coronadas con cestas de gallinas.»

«No estoy, dijo el Raposo, para fiestas: Vete con tus gallinas y tus cestas,

Y satiriza a otro. Porque sabes Que robaron anoche algunas aves,

¿He de ser yo el ladrón?» «En mi conciencia, Que hable, dijo el Mastín, con inocencia.

¿Yo pensar que has robado gallinero, Cuando siempre te vi como un cordero?»

«¡Cordero! exclama el Zorro; no hay aguante. Que cordero me vuelva en el instante,

Si he hurtado el que falta en tu majada.»

«¡Hola! concluye el Perro, Camarada, El ladrón es usted, según se explica» El estuche molar al punto aplica

Al mísero Raposo,

Para que así escarmiente el cosquilloso, Que de las fabuliilas se resiente.

Si no estás inocente,

Dime, ¿por qué no bajas las orejas?

Y si acaso lo estás, ¿de qué te quejas?

LIBRO NOVENO

FÁBULA PRIMERA

El gato y las aves

Charlatanes se ven por todos lados, En plazas y en estrados,

Que ofrecen sus servicios ¡cosa rara! A todo el mundo por su linda cara.

Éste, químico y médico excelente, Cura a todo doliente;

Pero gratis: no se hable de dinero. El otro, petimetre caballero, Canta, toca, dibuja, borda, danza, Y ofrece la enseñanza

Gratis por afición, a cierta gente. Veremos en la fábula siguiente

Si puede haber en esto algún engaño. La prudente cautela no hace daño.

Dejando los desvanes y rincones, El señor Minimiz, gato de maña,

Se salió de la villa a la campaña. En paraje sombrío,

A la orilla de un río, De sauces coronado,

En unas matas se quedó agachado. El Gatazo callaba como un muerto, Escuchando el concierto

De dos mil avecillas,

Que en las ramas cantaban maravillas; Pero callaba en vano,

Mientras no se acercaban a su mano Los músicos volantes, pues quería Minimiz arreglar la sinfonía.

Cansado de esperar, prorrumpe al cabo, Sacando la cabeza: Bravo, bravo.

La turba calla; cada cual procura Alejarse o meterse en la, espesura; Mas él les persuadió con buenos modos,

Y al fin logró que le escuchasen todos.

«No soy Gato montés o campesino; Soy honrado vecino

De la cercana villa:

Fui Gato de un maestro de capilla;

La música aprendí, y aún, si me empeño, Veréis cómo os la enseño,

Pero gratis y en menos de una hora.

¡Qué cosa tan sonora

Será el oír un coro de cantores, Verbigracia calandrias ruiseñores!» Con estas y otras cosas diferentes, Algunas de las aves inocentes

Con manso vuelo á Mirrimiz llegaron; Todas en torno a él se colocaron.

Entonces con más gracia

Y más diestro que el músico de Tracia, Echando su compás hacia el más gordo, Consigue gratis merendarse un tordo.

FÁBULA II

La danza pastoril

A la sombra que ofrece Un gran peñón tajado, Por cuyo pie corría

Un arroyuelo manso, Se formaba en estío Un delicioso prado. Los árboles silvestres Aquí y allí plantados,

El suelo siempre verde, De mil flores sembrado, Más agradable hacían El lugar solitario.

Contento en él pasaba La siesta, recostado . Debajo de una encina, Con el albogue, Bato. Al son de sus tonadas, Los pastores cercanos, Sin olvidar algunos La guarda del ganado, Descendían ligeros

Desde la sierra al llano. Las honestas zagalas,

Según iban llegando, Bailaban lindamente, Asidas de las manos, En torno de la encina Donde tocaba Bato.

De las espesas ramas Se veía colgando Una guirnalda bella De rosas y amaranto. La fiesta presidía Un mayoral anciano; Y ya que el regocijo Bastó para descanso,

Antes que se volviesen Alegres al rebaño,

El viejo presidente Con su corvo cayado Alcanzó la guirnalda Que pendía del árbol, Y coronó con ella Los cabellos dorados De la gentil zagala

Que con sencillo agrado Supo ganar a todas

En modestia y recato. Si la virtud premiaran

Así los cortesanos, Yo sé que no huiría

Desde la corte al campo.

FÁBULA III

Los dos perros

Procure ser en todo lo posible,

El que ha de reprender, irreprensible.

Sultán, perro goloso y atrevido, En su casa robó, por un descuido, Una pierna excelente de camero.

Pinto, gran tragador, su compañero, Le encuentra con la presa encaminado Ojo al través, colmillo acicalado, Fruncidas las narices y gruñendo.

«¿Qué cosa estás haciendo, Desgraciado Sultán?» Pinto le dice;

«¿No sabes, infelice,

Que un Perro infiel, ingrato, No merece ser Perro, sino gato?

¡Al amo, que nos fía

La custodia de casa noche y día, Nos halaga, nos cuida y alimenta, Le das tan buena cuenta,

Que le robas, goloso,

La pierna del camero más jugoso! Como amigo te ruego

No la maltrates más: déjala luego.»

«Hablas, dijo Sultán, perfectamente. Una duda me queda solamente

Para seguir al punto tu consejo: Di, ¿te la comerás, si yo la dejo?»

FÁBULA IV

La moda

Después de haber corrido Cierto danzante mono

Por cantones y plazas,

De ciudad en ciudad, el mundo todo, Logró, dice la historia,

Aunque no cuenta el cómo, Volverse libremente

A los campos del África orgulloso. Los monos al viajero

Reciben con más gozo

Que a Pedro el zar los rusos,

Que los griegos a Ulises generoso. De leyes, de costumbres,

Ni él habló ni algún otro Le preguntó palabra;

Pero de trajes y de modas todos. En cierta jerigonza,

Con extranjero tono

Les hizo un gran detalle

De lo más remarcable a los curiosos.

«Empecemos, decían, Aunque sea por poco.» Hiciéronse zapatos

Con cáscaras de nueces, por lo pronto; Toda la raza mona

Andaba con sus choclos, Y el no traerlos era

Faltar a la decencia y al decoro. Un leopardo hambriento

Trepa para los monos: Ellos huir intentan

A salvarse en los árboles del soto. Las chinelas lo estorban,

Y de muy fácil modo Aquí y allí mataba,

Haciendo a su placer dos mil destrozos.

En Tetuán, desde entonces manda el senado docto

Que cualquier uso o moda,

De países cercanos o remotos, Antes que llegue el caso

De adoptarse en el propio, Haya de examinarse,

En junta de políticos, a fondo Con tan justo decreto

Y el suceso horroroso,

¿Dejaron tales modas?

Primero dejarían de ser monos.

FÁBULA V

El lobo y el mastín

Trampas, redes y perros

Los celosos pastores disponían

En lo oculto del bosque y de los cerros, Porque matar querían

A un Lobo por el bárbaro delito De no dejar a vida ni un cabrito. Hallóse cara a cara

Un Mastín con el Lobo de repente, Y cada cual se para,

Tal como en Zama estaban frente a frente, Antes de la batalla, muy serenos

Aníbal y Scipión, ni más ni menos. En esta suspensión, treguas propone El Lobo a su enemigo.

El Mastín no se opone, Antes le dice: «Amigo,

Es cosa bien extraña, por mi vida, Meterse un señor Lobo a cabricida. Ese cuerpo brioso

Y de pujanza fuerte,

Que mate al jabalí, que venza al oso. Mas ¿qué dirán al verte

Que lo valiente y fiero

Empleas en la sangre de un cordero?» El Lobo le responde: «Camarada, Tienes mucha razón; en adelante Propongo no comer sino ensalada.»

Se despiden y toman el portante. Informados del hecho

Los pastores, se apuran y patean; Agarran al Mastín y le apalean.

Digo que fue bien hecho;

Pues en vez de ensalada, en aquel año Se fue comiendo el Lobo su rebaño.

¿Con una reprensión, con un consejo Se pretende quitar un vicio añejo?

FÁBULA VI

La hermosa y el espejo

Anarda la bella Tenía un amigo

Con quien consultaba Todos sus caprichos: Colores de moda, Más o menos vivos, Plumas, sombrerete, Lunares y rizos Jamás en su adorno Fueron admitidos,

Si él no la decía: Gracioso, bonito. Cuando su hermosura, Llena de atractivo, En sus verdes años Tenía más brillo,

Traidoras la roban

(Ni acierto a decirlo) Las negras viruelas Sus gracias y hechizos. Llegóse al Espejo: Éste era su amigo;

Y como se jacta

De fiel y sencillo, Lisa y llanamente La verdad la dijo. Anarda, furiosa; Casi sin sentido,

Le vuelve la espalda, Dando mil quejidos.

Desde aquel instante Cuentan que no quiso Volver a consultas Con el señor mío.

«Escúchame, Ánarda: Si buscas amigos

Que te representen

Tus gracias y hechizos, Mas que no te adviertan Defectos y aún vicios, De aquellos que nadie Conoce en sí mismo, Dime, ¿de qué modo Podrás corregirlos?»

FÁBULA VII

El viejo y el chalán

«Fabio está, no lo niego, muy notado De una cierta pasión, que le domina; Mas ¿qué importa, señor? Si se examina, Se verá que es un mozo muy honrado,

Generoso, cortés, hábil, activo, Y que de todo entiende

Cuanto pide el empleo que pretende.»

«Y qué, ¿no se le dan?... ¿Por qué motivo?...»

Trataba un Viejo de comprar un perro Para que le guardase los doblones;

Le decía el Chalán estas razones:

«Con un collar de hierro

Que tenga el animal, échenle gente: Es hermoso, pujante,

Leal, bravo, arrogante;

Y aunque tiene la falta solamente De ser algo goloso...»

«¿Goloso? dice el rico; no le quiero»

«No es para marmitón ni despensero, Continúa el Chalán muy presuroso;

Sino para valiente centinela.»

«Menos, concluye el Viejo; Dejará que me quiten el pellejo

Por lamer entre tanto la cazuela.»

FÁBULA VIII

La gata con cascabeles

Salió cierta mañana Zapaquilda al tejado Con un collar de grana,

De pelo y cascabeles adornado. Al ver tal maravilla,

Del alto corredor y la guardilla

Van saltando los gatos de uno en uno. Congrégase al instante

Tal concurso gatuno

En tomo de la dama rozagante,

Que entre flexibles colas arboladas Apenas divisarla se podía.

Ella con mil monadas

El cascabel parlero sacudía; Pero cesando al fin el sonsonete, Dijo que por juguete

Quitó el collar al perro su señora, Y se lo puso a ella.

Cierto que Zapaquilda estaba bella. A todos enamora,

Tanto, que en la gatesca compañía Cuál dice su atrevido pensamiento Cuál se encrespa celoso;

Riñen éste y aquél con ardimiento, Pues con ansia quería

Cada gato soltero ser su esposo. Entre los arañazos y maullidos Levántase Garraf gato prudente, Y a los enfurecidos

Les grita: «Novel gente,

¡Gata con cascabeles por esposa!

¿Quién pretende tal cosa?

¿No veis que el cascabel la caza ahuyenta Y que la dama hambrienta

Necesita sin duda que el marido, Ausente y aburrido,

Busque la provisión en los desvanes, Mientras ella, cercada de galanes, Porque el mundo la vea,

De tejado en tejado se pasea?»

Marchóse Zapaquilda convencida,

Y lo mismo quedó la concurrencia.

¡Cuántos chascos se llevan en la vida Los que no miran más que la apariencia!

FÁBULA IX

El ruiseñor y el mochuelo

Una noche de Mayo,

Dentro de un bosque espeso, Donde, según reinaba

La triste oscuridad con el silencio, Parece que tenía

Su habitación Morfeo; Cuando todo viviente

Disfrutaba de dulce y blando sueño, Pendiente de una rama

Un Ruiseñor parlero Empezó con sus ayes

A publicar sus dolorosos celos. Después de mil querellas,

Que llegaron al cielo, A cantar empezaba

La antigua historia del infiel Tereo Cuando, sin saber cómo,

Un cazador mochuelo Al músico arrebata

Entre las corvas uñas prisionero. Jamás Pan con la flauta

Igualó sus gorjeos, Ni resonó tan grata

La dulce lira del divino Orfeo; No obstante, cuando daba

Sus últimos lamentos, Los vecinos del bosque

Aplaudían su muerte; yo lo creo. Si con sus serenatas

El mismo Farinelo

Viniese a despertarme

Mientras que yo dormía en blando lecho, En lugar de los bravos

Diría: «Caballero, ¡Que no viniese ahora Para tal ruiseñor algún mochuelo!»

Clori tiene mil gracias

¿Y gué logra con eso? Hacerse fastidiosa

Por no querer usarlas a su tiempo.

FÁBULA

El amo y el perro

«Callen todos los perros de este mundo Donde está mi Palomo;

Es fiel, decía el Amo, sin segundo, Y me guarda la casa... Pero ¿cómo?

Con la despensa abierta

Le dejé cierto día: En medio de la puerta,

De guardia se plantó con bizarría. Un formidable gato,

En vez de perseguir a los ratones, Se venía, guiado del olfato,

A visitar chorizos y jamones.

Palomo le despide buenamente; El gato se encrespa y acalora; Riñen sangrientamente,

Y mi guarda jamones le devora.» Esto contaba el Amo a sus amigos,

Y después a su casa se los lleva A que fuesen testigos

De tal fidelidad en otra prueba. Tenía al buen Palomo prisionero Entre manidas pollas y perdices;

Los sebosos riñones de un carnero Casi casi le untaban las narices.

Dentro de este retiro a penitencia El triste fue metido,

Después de algunos días de abstinencia. Al fin, ya su señor, compadecido,

Abre con sus amigos el encierro: Sale rabo entre piernas, agachado; Al Amo se acercaba el pobre Perro, Lamiéndose el hocico ensangrentado.

El dueño se alborota y enfurece Con tan fatales nuevas.

Yo le preguntaría: ¿Y qué merece

Quien la virtud expone a tales pruebas?

<u>FÁBULA XI</u>

Los dos cazadores

Que en una marcial función, O cuando el caso lo pida, Arriesgue un hombre su vida, Digo que es mucha razón.

Pero el que por diversión Exponer su vida quiera

A juguete de una fiera O peligros no menores, Sepa de dos Cazadores Una historia verdadera.

Pedro Ponce el valeroso

Y Juan Carranza el prudente Vieron venir frente a frente Al lobo más horroroso.

El prudente, temeroso,

A una encina se abalanza, Y cual otro Sancho Panza, En las ramas se salvó.

Pedro Ponce allí murió. Imitemos a Carranza.

FÁBULA XII

El gato y el cazador

Cierto Gato, en poblado descontento,

Por mejorar sin duda su destino (Que no sería Gato de convento), Pasó de ciudadano a campesino.

Metióse santamente

Dentro de una covacha, mas no lejos De un gran soto poblado de conejos. Considere el lector piadosamente Si el novel ermitaño

Probaría la yerba en todo el año. Lo mejor de la caza devoraba, Haciendo mil excesos;

Mas al fin, por el rastro que dejaba De plumas y de huesos,

Un Cazador lo advierte; le persigue, Arma trampas y redes con tal maña, Que al instante consigue

Atrapar la carnívora alimaña. Llégase el Cazador al prisionero; Quiere darle la muerte;

El animal le dice: «Caballero, Duélase de la suerte

De un triste pobrecito,

Metido en la prisión, y sin delito.»

«¿Sin delito, me dices,

Cuando sé que tus uñas y tus dientes Devoran infinitos inocentes?»

«Señor, eran conejos y perdices, Y yo no hacía más, a fe de Gato,

Que lo que ustedes hacen en el plato.»

«Ea, pícaro, muere;

Que tu mala razón no satisface.»

Con que sea la cosa que se fuere,

¿La podrá usted hacer, si otro la hace?

FÁBULA XIII

El pastor

Salido usaba tañer

La zampoña todo el año, Y por oírle el rebaño, Se olvidaba de pacer.

Mejor sería romper

La zampoña al tal Salicio; Porque si causa perjuicio,

En lugar de utilidad, La mayor habilidad,

En vez de virtud, es vicio.

FÁBULA XIV

El tordo flautista

Era un gusto el oír, era un encanto, A un Tordo gran flautista; pero tanto, Que en la gaita gallega,

O la pasión me ciega,

O a Misón le llevaba mil ventajas. Cuando todas las aves se hacen rajas Saludando a la aurora,

Y la turba confusa charladora

La canta sin compás y con destreza Todo cuanto la viene a la cabeza,

El flautista empezó: cesó el concierto Los pájaros con tanto pico abierto Oyeron en un tono soberano

Las folias, la gaita y el villano. Al escuchar las aves tales cosas,

Quedaron admiradas y envidiosas.

Los jilgueros, preciados de cantores, Los vanos ruiseñores,

Unos y otros corridos,

Callan, entre las hojas escondidos. Ufano el Tordo grita: «Camaradas, Ni saben ni sabrán estas tonadas Los pájaros ociosos,

Sino los retirados estudiosos. Sabed que con un hábil zapatero

Estudié un ano entero:

Él dale que le das a sus zapatos, Y altemando, silbábamos a ratos. En fin, viéndome diestro,

Vuela al campo, me dice mi maestro, Y harás ver a las aves, de mi parte, Lo que gana el ingenio con el arte».

FÁBULA XV

El raposo y el lobo

Un triste Raposo Por medio del llano Marchaba sin piernas, Cual otro soldado Que perdió las suyas Allá en Campo Santo. Un Lobo le dijo:

«Hola, buen hermano, Diga, ¿en qué refriega Quedó tan lisiado?»

«¡Ay de mí! responde; Un maldito rastro

Me llevó a una trampa, Donde por milagro, Dejando una pierna, Salí con trabajo.

Después de algún tiempo Iba yo cazando,

Y en la trampa misma Dejé pierna y rabo.» El Lobo le dice:

«Creíble es el caso. Yo estoy tuerto, cojo Y desorejado

Por ciertos mastines, Guardas de un rebaño. Soy de estas montañas El Lobo decano;

Y como conozco

Las mañas de entrambos, Temo que acabemos,

No digo enmendados, Sino tú en la trampa, Y yo en el rebaño.»

¡Que el ciego apetito Pueda arrastrar tanto! A los brutos pase.

¡Pero a los humanos!...

FÁBULA XVI

El ciudadano pastor

Cierto joven leía En versos excelentes Las dulces pastorelas Con el mayor deleite. Tenía la cabeza

Llena de prados, fuentes, Pastores y zagalas, Zampoñas y rabeles.

Al fin, cierta mañana Prorrumpe de esta suerte:

«¡Yo he de estar prisionero, Cercado de paredes,

Esclavo de los hombres Y sujeto a las leyes, Pudiendo entre pastores Grata y sencillamente Disfrutar desde ahora La libertad campestre! De la ciudad al bosque Me marcho para siempre. Allí naturaleza

Me brinda con sus bienes, Los árboles y ríos

Con frutas y con peces, Los ganados y abejas Con la miel y la leche; Hasta las duras rocas Habitación me ofrecen En grutas coronadas

De pámpanos silvestres. Desde tan bella estancia,

¿Cuántas y cuántas veces, Al son de dulces flautas Y sonoros rabeles,

Oiré a los pastores

Que discretos contienden, Publicando en sus versos Amores inocentes?

Como que ya diviso Entre el ramaje verde A la pastora Nise,

Que al lado de una fuente, Sentada al pie de un olmo, Una guirnalda teje.

¿Si será para Mopso?..» Tanto el joven enciende

 Su loca fantasía,

Que ya en fin se resuelve, Y en zagal disfrazado,

En los bosques se mete. A un rabadán encuentra, Y le pregunta alegre:

«Dime, ¿es de Melibeo Ese ganado?» «Miente,

Que es mío; y sobre todo, Sea de quien se fuere.»

No respondió el buen hombre Muy poéticamente.

El joven, temeroso

De que tal vez le diese Con el fiero garrote Que por cayado tiene,

Sin chistar más palabra, Huyó bonitamente.

Marchaba pensativo, Cuando quiso la suerte Que cogiendo bellotas A la pastora viese.

«¡Oh Nise fementida! Exclama; ¡cuántas véces, Siendo niña, querías

Que yo te recogiese La fruta con rocío

De mis manzanos verdes!» Diciendo así, se acerca, La moza se revuelve,

Y dándole un bufido, En las breñas se mete. Sorprendido el mancebo, Dice: «¿Qué me sucede?

¿Son éstos los pastores Discretos, inocentes, Que pintan los poetas Tan delicadamente?

A nuevos desengaños

Ya no quiero exponerme.» Rendido, caviloso,

A la ciudad se vuelve.

Yo siento a par del alma Que no se detuviese

A disfrutar un poco De la vida campestre.

Por mi fe, que las migas, El pastoril albergue,

El rigor del verano,

Los hielos y las nieves, Le hubieran persuadido Mucho más vivamente.

Que es un solemne loco Todo aquel que creyere Hallar en la experiencia

Cuanto el hombre nos pinta por deleite.

FÁBULA XVII

El ladrón

Por catar una colmena Cierto goloso Ladrón, Del venenoso aguijón Tuvo que sufrir la pena.

«La miel, dice, está muy buena: Es un bocado exquisito;

Por el aguijón maldito No volveré al colmenar.»

¡Lo que tiene el encontrar La pena tras el delito!

FÁBULA XVIII

El joven filósofo y sus compañeros

Un joven, educado Con el mayor cuidado

Por un viejo Filósofo profundo, Salió por fin a visitar el mundo. Concurrió cierto día,

Entre civil y alegre compañía,

A una mesa abundante y primorosa.

«¡Espectáculo horrendo! ¡fiera cosa!

¡La mesa de cadáveres cubierta

A la vista del hombre!... ¡Y éste acierta A comer los despojos de la muerte!»

El joven declamaba de esta suerte. Al son de filosóficas razones,

Devorando perdices y pichones,

Le responden algunos concurrentes:

«Si usted ha de vivir entre las gentes, Deberá hacerse a todo.»

Con un gracioso modo,

Alabando el bocado de exquisito, Le presentan un gordo pajarito.

«Cuanto usted ha exclamado será cierto; Mas, en fin, le decían, ya está muerto.

Pruébelo por su vida... Considere Que otro le comerá, si no le quiere.»

La ocasión, las palabras, el ejemplo, Y según yo contemplo,

Yo no sé qué olorcillo

Que exhalaba el caliente pajarillo, Al joven persuadieron de manera,

Que al fin se lo comió. «¡Quién lo dijera!

¡Haber yo devorado un inocente!» Así clamaba, pero fríamente.

Lo cierto es que, llevado de aquel cebo, Con más facilidad cayó de nuevo.

La ocasión se repite De uno en otro convite,

Y de una codorniz a una becada,

Llegó el joven, al fin de la jornada, Olvidando sus máximas primeras,

A ser devorador como las fieras.

De esta suerte los vicios se insinúan Crecen, se perpetúan

Dentro del corazón de los humanos Hasta ser sus señores y tiranos.

Pues ¿qué remedio?... Incautos jovencitos

Cuenta con los primeros pajaritos.

<u>FÁBULA XIX</u>

El elefante, el toro, el asno y los demás animales

Los mansos y los fieros animales, A que se remediasen ciertos males Desde los bosques llegan,

Y en la rasa campaña se congregan. Desde la más pelada y alta roca

Un Asno trompetero los convoca. El concurso ya junto,

Instruido también en el asunto (Pues a todos por Júpiter previno Con cédula ante diem el pollino), Imponiendo silencio el Elefante, Así dijo: «Señores, es constante En todo el vasto mundo

Que yo soy en lo fuerte sin segundo: Los árboles arranco con la mano, Venzo al león, y es llano

Que un golpe de mi cuerpo en la muralla Abre sin duda brecha. A la batalla Llevo todo un castillo guarnecido;

En la paz y en la guerra soy tenido Por un bruto invencible,

No sólo por mi fuerza irresistible, Por mi gordo coleto y grave masa,

Que hace temblar la tierra donde pasa. Mas, señores, con todo lo que cuento,

Sólo de vegetales me alimento,

Y como a nadie daño, soy querido, Mucho más respetado que temido.

Aprended, pues, de mí, crueles fieras, Las que hacéis profesión de carniceras, Y no hagáis por comer atroces muertes, Puesto que no seréis, ni menos fuertes, Ni menos respetadas,

Sino muy estimadas

De grandes y pequeños animales, Viviendo, como yo, de vegetales.»

«Gran pensamiento, dicen, gran discurso»; Y nadie se le opone del concurso.

Habló después un Toro de Jarama: Escarba el polvo, cabecea, brama.

«Vengan, dice, los lobos y los osos, Si son tan poderosos,

Y en el circo verán con qué donaire Los haré que volteen por el aire.

¡Qué! ¿son menos gallardos y valientes Mis cuernos que sus garras y sus dientes? Pues ¿por qué los villanos carniceros Han de comer mis vacas y terneros?

Y si no se contentan

Con las hojas y yerbas, que alimentan En los bosques y prados

A los más generosos y esforzados,

Que muerdan de mis cuernos al instante, O si no, de la trompa al Elefante.»

La asamblea aprobó cuanto decía

El Toro con razón y valentía. Seguíase a los dos en el asiento,

Por falta de buen orden, el Jumento, Y con rubor expuso sus razones.

«Los milanos, prorrumpe, y los halcones (No ofendo a los presentes, ni quisiera), Sin esperar tampoco a que me muera, Hallan para sus uñas y su pico

Estuche entre los lomos del borrico. Ellos querrán ahora, como bobos, Comer la yerba a los señores lobos. Nada menos: aprendan los malditos

De las chochaperdices o chorlitos, Que, sin hacer a los jumentos guerra, Envainan sus picotes en la tierra;

Y viva todo el mundo santamente, Sin picar ni morder en lo viviente.»

«Necedad, disparate, impertinencia», Gritaba aquí y allí la concurrencia.

«Haya silencio, claman, haya modo.» Alborótase todo:

Crece la confusión, la grita crece; Por más que el Elefante se enfurece, Se deshizo en desorden la asamblea. Adiós, gran pensamiento; adiós, idea.

Señores animales, yo pregunto:

¿Habló el Asno tan mal en el asunto?

¿Discurrieron tal vez con más acierto El Elefante y el Toro? No por cierto. Pues ¿por qué solamente al buen Pollino Le gritan disparate, desatino?

Porque nadie en razones se paraba, Sino en la calidad de quien hablaba.

Pues, amigo Elefante, no te asombres. Por la misma razón entre los hombres Se desprecia una idea ventajosa.

¡Qué preocupación tan peligrosa!

CONTENIDOS